中华经典之道丛书

顾作义 ◎ 编著

# 《庄子》之生命关怀之道

暨南大学出版社
JINAN UNIVERSITY PRESS

中国·广州

图书在版编目（CIP）数据

《庄子》之生命关怀之道/顾作义编著. —广州：暨南大学出版社，2022.8

（中华经典之道丛书）

ISBN 978 - 7 - 5668 - 3318 - 1

Ⅰ. ①庄…　Ⅱ. ①顾…　Ⅲ. ①道家②《庄子》—研究　Ⅳ. ①B223.55

中国版本图书馆 CIP 数据核字（2022）第 035665 号

《庄子》之生命关怀之道

《ZHUANGZI》ZHI SHENGMING GUANHUAI ZHI DAO

编著者：顾作义
·······················································

出 版 人：张晋升
责任编辑：周玉宏　武颖华
责任校对：刘舜怡　黄晓佳
责任印制：周一丹　郑玉婷

出版发行：暨南大学出版社（511443）
电　　话：总编室（8620）37332601
　　　　　营销部（8620）37332680　37332681　37332682　37332683
传　　真：（8620）37332660（办公室）　37332684（营销部）
网　　址：http://www.jnupress.com
排　　版：广州良弓广告有限公司
印　　刷：深圳市新联美术印刷有限公司
开　　本：850mm×1168mm　1/32
印　　张：5
字　　数：80 千
版　　次：2022 年 8 月第 1 版
印　　次：2022 年 8 月第 1 次
定　　价：32.00 元

（暨大版图书如有印装质量问题，请与出版社总编室联系调换）

# 总　序

中华优秀传统文化历史悠久，博大精深，魅力无穷，是中华民族的"根"、中华民族的"魂"，是中华文化自信的源头与活水，也是中华民族的力量所在。

中华优秀传统文化也是人类共有的精神财富，具有普遍意义。正如习近平总书记指出："中华文化源远流长，积淀着中华民族最深层的精神追求，代表着中华民族独特的精神标识，为中华民族生生不息、发展壮大提供了丰厚滋养。"①

中华经典是中华优秀传统文化的"精华"，是我们增强中华文化自信、自尊、自觉的积淀；它是超越时空的，跨越国界的，一直能够回应当代人的生活之问，特

①　习近平:《习近平谈治国理政》（第一卷），北京：外文出版社 2018 年版，第 164 页。

别是在科技发达、社会巨变的时代，为我们提供了走出价值迷津，防止人性物化的"良方"。学习中华经典也是一个人寻求自我完善的最佳途径。

读经典是与高人对话、与历史对话、与人生对话、与生命对话，是吸收精神滋养，开启智慧，丰富人生。经典穿越时空，观照当下，照亮未来。读经典要"入乎其中，又出乎其外"，要消化、吸收、更新。学习经典要从认知入手，朗读、记忆、思考，然后去体悟和运用。读经典最有效的办法是带着问题去研读，这样才能有收获。我们如果能有一个读书计划，每两个月读一本，一年读六本，三年的时间也可以精读十八本。如果能立志、坚持，一定能实现博学、笃行。

当下，有些人对中华传统文化的理解，大多局限于"中国结""功夫""美食""手艺"等符号化、浅表性的平面维度上，缺乏对其精神内核、价值理念、道德思想和审美情趣的学习和研究，其实，这些才是中华优秀传统文化最宝贵、最核心的内容。而这些宝贵的精神思想和审美理念，都蕴含于中华经典之中。从形式范畴的角度来看，中国传统文化的结构可以划分为五个层面，即"道""器""法""术""势"，如下所示：

如果从内容范畴着眼，可把中华优秀传统文化划分为三个层次：

## 1. 第一个层次：道

"道"涵括两个方面：①精神基因、价值取向；②世界观、方法论。具体包含：

（1）"天下为公"的社会理想；

（2）"天人合一"的生存智慧；

（3）"民为邦本"的为政之道；

（4）"民富国强"的奋斗目标；

（5）"公平正义"的社会法则；

（6）"和谐共生"的相处之道；

（7）"自强不息"的奋斗精神；

（8）"精忠报国"的爱国情怀；

（9）"革故鼎新"的创新意识。

## 2. 第二个层次：德

"德"指向行为方式，具体包含：

（1）"中庸之道"的行为方式；

（2）"经世致用"的处世方法；

（3）"仁者爱人"的道德良心；

（4）"孝老爱亲"的家庭伦理；

（5）"敬业求精"的职业操守；

（6）"谦和好礼"的君子风度；

（7）"包容会通"的宽广胸怀。

3. 第三个层次：艺

"艺"涵括艺术形态和审美情趣，具体包含：

（1）"诗书礼乐"的情感表达；

（2）"琴棋书画"的艺术情趣；

（3）形神兼备、情景交融的美学追求；

（4）俭约自守、中和安泰的生活理念。

那么，如何学习和弘扬中华优秀传统文化呢？习近平总书记提出了"双创"的原则——"创造性转化、创新性发展"。具体来说，就是应力求做到五个"贯通"：

第一，贯通儒、释、道。中国传统文化的发展脉络是"一源三流"，如下所示：

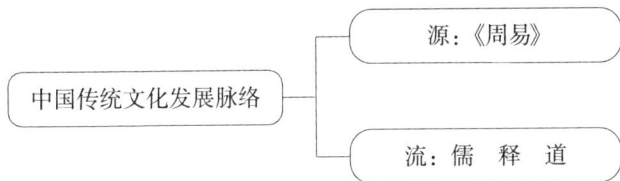

中国传统文化发展脉络　　源：《周易》

　　　　　　　　　　　　流：儒　释　道

儒、释、道可以说是中国传统文化的三大支柱，既有共同的思想与理念，也有不同的观点与方法。可以说，它们是你中有我，我中有你，但又各具特色。如儒家的

"入世"与佛家的"出世",儒家的"有为"与道家的"无为",都存在内在的联系,只有取长补短、博采众长,才是科学的态度和正确的方法。

儒、释、道三家各有其独特的理论体系,发挥着独特的功能,它们之间不完全是对立的,有着很强的互补性。儒学是养性,主要讲为人处世的德行,用"仁、义、礼、智、信"作为准则,讲的是如何处理好人与人之间的关系。释家即佛学是养命,主要讲的是人自身的身心和谐,讲的是人的"灵性",是一种对生命的终极关怀。佛学认为"心生万法",修命可以理解为"修心"。道学是养身,"万物与我为一""道法自然",主要是讲人与自然的关系,要与自然和谐相处。人的身、心、性、灵的修养,离不开"三教"的学问,必须融会贯通。历史上不少思想家如王阳明、梁启超、梁漱溟等都是跨"教"的高手,他们善于把"三教"的思想融会贯通。其实,在中华经典中,"三教"的经典是互相渗透的。有人说,人生的最高境界是:佛为心,道为骨,儒为表。

第二,贯通"道、术、势"。中华优秀传统文化有三大基本内容,一是"道",这是真理、规律,是中国传统文化的核心精神,"道"决定了"德",表现为

"术"，适用于"势"，学习领悟传统文化关键在于"悟道""行道"；二是"术"，这是"道"的表现形式和创造方式，是中国人的思维方式在行为上的表现，也是实现"道"的策略和方法；三是"势"，这是事物的发展趋势、形势，是当下的运用，是"道"与"术"的落脚点。中华优秀传统文化的学习和运用，要用"道"来统率"术"和"势"，直达文化的内核，这是领悟传统文化的根本。为此，学习中华优秀传统文化要把重点放在明道、养德、启智。

第三，贯通文、史、哲。哲学家培根说："读史使人明智，读诗使人灵秀，数学使人周密，科学使人深刻，伦理学使人庄重，逻辑修辞之学使人善辩。凡有所学，皆成性格。"在对经典的解读中，文学可以把抽象的理论讲得生动有趣，史学可以以史为鉴、启智明理，哲学可以使之深刻透彻，把这三者贯通起来可以相得益彰，实现道、德、艺的统一。

第四，贯通古今。经典的学习是以古鉴今，古为今用。这就要适应时代的变迁，与时俱进，立足当下，关注现实，从中寻找解决现代人心灵、道德困境的方法。

第五，贯通中西。中华优秀传统文化是中国的，也是世界的。对中国传统文化妄自菲薄是缺乏自信的表现；而夜郎自大，对外来文化加以排斥则是傲慢的表现。因此，必须互相尊重、理解、借鉴、交流，一方面，要用开放的胸襟接纳、借鉴外来的文化并加以创新，把西方优秀文化本土化；另一方面，让中华优秀传统文化走向世界，增进世界对中国文化的理解，增强中华文化的创新力、感召力和影响力。

习近平总书记 2014 年 9 月 24 日在纪念孔子诞辰 2 565 周年国际学术研讨会暨国际儒学联合会第五届会员大会开幕会上的讲话指出："在带领中国人民进行革命、建设、改革的长期历史实践中，中国共产党人始终是中华优秀传统文化的忠实继承者和弘扬者，从孔夫子到孙中山，我们都注意汲取其中积极的养分。"

然而，经典毕竟是几千年前的产物，随着时代的进步，有的内涵发生了变化，我们不能"食古不化"，而应在中国文化优秀基因的基础上，赋予其新的内涵并加以丰富和发展，这就需要进行现代解读，这个解读就是习近平总书记指出的进行"创造性转化、创新性发展"。具体来说，解读的方法有以下几种：一是选择新的视角。经典的内涵是丰富的，全面的学习是一个基础。在此基础上，要观照当下，紧扣当今人们的精神呼唤，直面新需求、新问题，用新的视角去解读、去体悟，从中获得新的答案。二是实现新的转化。中华经典是历史的产物，随着时代的发展，必然有新的语境、新的要求，为此，在转化中要"不忘本来"，不忘中华优秀传统文化的根脉，注入时代精神，赋予新的内涵，焕发其生机和活力；要"吸收外来"，以开放的心态，接纳世界的优秀文化，取长补短，博采众长，既不自卑，也不自大；要"面向未来"，着眼于造福子孙万代和永续发展，为未来的发展夯实根基，提供不竭的精神动力和力量源泉。三是致力于新的超越。经典可以温故知新，思想文化的新发现，科学技术的新发明，为新思想、新观点创造了新条件，这就要在新的时代加以丰富和发展。正是基于以上的认识，我从几年前着手进行"中华经典之道丛书"的写作，完成了《〈劝学〉之学习之道》《〈黄帝内经〉之养生之道》《〈道德经〉之辩证思维之道》《〈菜根谭〉之处世之道》《〈庄子〉之生命关怀之道》《〈六祖坛经〉之修心之道》《〈人物志〉之用人之道》《〈列女传〉之女性修养之道》等。这一丛书的写作有三方面考虑：一是分主题切入，分类选择主题，集中于某一个侧面进行解读；二是观照当下，关注现实，结合当代人的现实生活，以古鉴今；三是力求通俗易懂，经典大多比较深奥难懂，为此，必须用现代的语言进行讲解，用讲故事的方法来阐述道理。

"中华经典之道丛书"中每一册以一部经典为范本，选择一个主题作为切入点对经典进行导读，始终在"贯通"两字上下功夫，观照当下，学以致用，寻找传播、普及中国传统文化的新路径，这也是一种新的尝试。

"中华经典之道丛书"的写作，让我重温经典，对我来说是一次再学习，我从中增长了知识，更为重要的是完成了心灵的修炼，虽然辛苦，但乐在其中。由于能力、水平有限，本丛书一定存在一些不足，期待得到读者的指正。

是为序。

作者于广州

2022 年 3 月 25 日

# 目　录

# 引　言

　　2020 年，突如其来的新冠肺炎疫情席卷全球。中国坚持把人民的生命安全放在首位，把生命价值作为最高价值，把生命权作为最大的人权，尊重科学，精准施策，以牺牲短期经济的发展为代价，坚持早发现、早隔离、早治疗，采取了严格、科学的管控措施，控制了疫情的肆虐。然而一些西方发达国家则采取了截然不同的措施，他们放松了对病毒传染传播渠道的管控，漠视民众生命，导致疫情形势严峻，据世界卫生组织公布的最新数据显示，至 2022 年 2 月美国确诊病例 7 644 万例，死亡超 90.2 万例。这充分反映了两种不同的生命价值观，引起了人们对生命价值的追问：是生命重要还是经济发展重要？更引起了人们对"人类命运共同体"的思考，在灾害面前，我们每个人有独善其身的可能吗？

今天，科技发展日新月异，城市化进程加速，人们的生活节奏加快，学习、工作和生活压力也越来越大，伴随着这一时代巨变，人们逐渐产生了越来越多的心理问题及疾病，不少人处于亚健康状况，焦躁、不安、忧郁、怨恨等不良的情绪时有出现，甚至出现了一些漠视生命的现象。令人揪心的是，近年来青少年抑郁、轻生的案例越来越多。因此，加强对公民的生命教育，特别是关注儿童、青少年的心理健康就尤为重要。

当前，我国正处于人口老龄化加速发展时期，"银发族"的阵容越来越大。截至 2021 年 5 月，根据第七次全国人口普查结果，全国 60 岁及以上人口约 2.64 亿，占总人口的 18.7%，其中 65 岁及以上人口约 1.91 亿，占总人口的 13.5%。生、老、病、死是人类生命发展必经的一个历程。生，是生命的肯定，意味着生活的延续。死，是生命的终结，意味着生活的结束。人类历来都是喜生厌死的，对于"死"这个字眼更是特别避讳。但是，不论是达官贵人，还是平民百姓，都逃脱不了死亡的宿命。死亡是每一个人无法回避，也不应当回避的问题。只有正确地认知死亡，直面死亡，才能体悟人生的价值，有尊严地、从容地走到人生的终点。中国的传统文化把"善终"作为"五福"之一，对许多人来说，这仍然是一种"奢望"。他们未能提前立好遗嘱，未能有尊严地走完人生最后的旅程，实属人生的一大遗憾。

而临终患者的家人，由于传统的忠孝观念早已融入其血脉之中，更是无法割舍这份亲情。只要有一丝生存的希望，患者家人都会不惜一切代价去抢救，可这良好的主观愿望，有时是给患者增加了客观上的痛苦。还有的家人，由于缺乏生命关怀的意识，当亲人生命垂危时，仍旧采取不当的行为，强行抢救造成更多人为的痛苦，使患者无法安静祥和地走向人生的终点。

亲人离世家属必然会陷入深深的悲痛之中，长时期难以从悲伤中走出来，这都是人之常情。但是有些人在痛苦中无法自拔，情绪不稳，甚至出现了"抑郁症"，严重者更会伤害自身。为此，对于失去亲人的家属进行"悲伤抚慰"也是非常必要的。

所有这些都源于我们对生命本质、生命价值、生命关怀缺乏正确的认知，缺乏告别的知识和能力。要让死者安详、让生者节哀，就必须把生命关怀作为一门必修课。

千百年来，人类总是在同死亡做斗争，祈望能够长生不老。古代道家研究服用丹药，以求获得永生。不幸的是，这种方法不但不能让人长生，相反易让人早逝。现代生物医学也在寻求延长生命的良方，有一些医学家提出了"自由基假说"和"端粒假说"，不过，这仍然只是假说。科学的进步可以延长生命，但无法改变死亡的结局；医学是有局限性的，医疗技术避免不了死亡，只能帮助人类治疗伤病。

医生的使命是帮助患者延长生命和提高生命的质量，两者不可偏废。目前医疗体系的主要目标是救死扶伤，战胜疾病。但我们知道，科技不是万能的，今天我们还有许多疾病的病因尚未查明，从而无法对症下药。有人说，人的病三分之一是可以治愈的，三分之一是自愈的，三分之一是治不好的。对于治不好的病怎么办，对濒临死亡的生命怎么办，对走到生命终点的人怎么办？由于医生职业道德的要求，他们永不言败，永不放弃，即使是1%的希望，也要作99%的努力。拯救生命是医生的天职，当生命还有抢救的希望时，用99%的努力去争取，这是崇高的行为。但当生命已经是人力和科技无法回天之时，还要花费人力、物力抢救，不但徒劳无功，而且增加患者的痛苦，浪费医疗资源。同时部分患者亲属会给予医生压力，他们对医院、医生要求太高，甚至丧失了理智，明知抢救徒劳无功，却也不忍放弃希望。"医生"顾名思义就是以医治为途径，让患者得以生存、生活如常；同时，也承担着对即将走到生命终点的人进行人文关怀，对失去亲人的家属进行抚慰的职责，是减轻患者肉体伤痛的救护者，是心灵的抚慰者，也是精神的安顿者。

目前，我国缓和医疗、临终关怀服务的质量还不够高，普及面也不够广。这表明，全体国民特别是医务工作人员必须补上生命关怀这一课。

中国传统文化特别关注生命的本质、生命的健康、生命的保养、生命的价值、生命的关怀，充满浓厚的人道、人性和人文情怀。儒、释、道三家不但思考生命的本源、价值，还寻找生命超脱、超越之道。而道家代表人物之一的庄子，对此的认知、体悟更为深刻、透彻，他不但看穿了功名利禄，而且看透了生死存亡，他的代表作《庄子》就充分诠释了生命哲学、生命美学。为此，在《中华经典之道丛书》中，我选择《庄子》作为阐述生命关怀之道的经典。

# 第一讲 《庄子》是一部关于生命关怀的经典

庄周所著的《庄子》代表了先秦散文的最高成就，它把深奥玄妙的哲理与生动具体的形象熔于一炉，将抽象的逻辑思维与具体的形象思维相结合，用瑰丽多姿的文辞、寓意深刻的寓言、生动有趣的故事，深深打动读者。《庄子》一书内容丰富，构筑奇特，汪洋恣肆，寓意玄妙，意出望外，发人深省，所论辩的道理涉及经济、政治、军事、教育等方方面面；所论述的人生修养、养生、处世原则精辟而富有哲理；所倡导的人格理想，超然适己。但我认为最具有价值、最深刻的还应是关于生命关怀的阐述。

## 一、庄子其人其书

庄子（约前369—前286），名周。中国古代常以"子"尊称有学问的人，如孔子、孟子、老子、墨子、荀子、孙子等。庄子是中国著名的思想家、哲学家、文学家，也是老子哲学思想的继承者和发展者，故后世将他们与老子合称为"老庄"。关于庄子的生平，《史记·老子韩非列传》曾这样记载：

庄子者，蒙人也，名周。周尝为蒙漆园吏，与梁惠王、齐宣王同时。其学无所不窥，然其要本归于老子之言。故其著书十余万言，大抵率寓言也。作《渔父》《盗跖》《胠箧》，以诋訿孔子之徒，以明老子之术。《畏累虚》《亢桑子》之属，皆空语无事实。然善属书离辞，指事类情，用剽剥儒、墨，虽当世宿学不能自解免也。其言洸洋自恣以适己，故自王公大人不能器之。

楚威王闻庄周贤，使使厚币迎之，许以为相。庄周笑谓楚使者曰："千金，重利；卿相，尊位也。子独不见郊祭之牺牛乎？养食之数岁，衣以文绣，以入大庙。当是之时，虽欲为孤豚，岂可得乎？子亟去，无污我。我宁游戏污渎之中自快，无为有国者所羁，终身不仕，以快吾志焉。"

从上述记载中，我们可以看出庄子具有以下三种人格特征：第一，他博学多才，"其学无所不窥"，思想深邃；第二，他对儒家那套仁义礼乐的政治主张大加挞伐，申斥为坏人心术、泯灭真性的"矫言伪行"，其学说的本源来自老子，其思想与道家一脉相承；第三，他淡泊名利，轻视权位，楚威王赠重金许相位，他坚决拒绝，追求逍遥自在的快乐生活。庄子的一生十分贫寒，在

《庄子》一书中也多次写到他鄙薄高官厚禄的故事。他身居陋巷，向人借粮，自织草鞋，穿粗布衣裳和破鞋，自得其乐，这与《史记》的记载是吻合的。

《庄子》一书共三十三篇，其中内篇七、外篇十五、杂篇十一。一般认为，内篇思想连贯，文风一致，当属庄周本人作品。外篇和杂篇则较为冗杂，当属庄周后学之作，但基本上反映了庄子学派的思想。

《庄子》以"卮言""重言""寓言"为论说方式。《庄子·天下》说："以天下为沉浊，不可与庄语，以卮言为曼衍，以重言为真，以寓言为广。"所谓"卮言"，是指酒后之言或无心之言。"卮"字的篆书为𠪟，从匕（匙）从卩（跪坐之人），用人持匕取饮来，含酒器之意。"卮满则倾，卮空则仰，空满任物，倾仰随人。""卮言"是指没有很强的主观性，是顺应自然之性的流露。所谓"重言"，是指借古代先贤的话来谈道说法，让他们互相辩论，以分清对错。所谓"寓言"，是指借他人、他事、他物来表达自己的主张，阐述自己想说的道理。如"庖丁解牛""井底之蛙""螳臂当车""庄周梦蝶"等。《庄子》一书充满无边无际的想象，含义无穷无尽，把深邃玄妙的哲理与生动具体的形象熔为一炉，给人以心灵的启迪、想象和创造的空间。

庄子的想象力极为丰富，时而巨鸟、时而大鱼、时而飞蝶，想象空间天南地北，语言运用自如，灵活多变，能把一些微妙难言的哲理说得引人入胜。他的作品被称为"文学的哲学，哲学的文学"。鲁迅先生认为："其文则汪洋辟阖，仪态万方，晚周诸子之作，莫能先也。"其创设的浪漫意境，有意味的意象，内涵深刻的寓言，透彻的对话，迷离的描写，以及瑰玮错落的言辞，沁人心脾，发人深省。

《庄子》关于生命关怀之道的阐释主要集中于《逍遥游》《齐物论》《秋水》《德充符》《人间世》《养生主》《大宗师》七篇，故本书引文多出自以上篇章。

## 二、《庄子》生命关怀的内涵

与老子相较而言，庄子更为关注生命深层次的问题，如齐物我、同生死、超利害、养身长生。他提出了对生命的困惑，追求心灵的自在，寻求人生的快乐，帮助人们树立正确的人生态度，引导着生命存在的价值取向，为人们如何生存、生活和发展提供了新的启示。

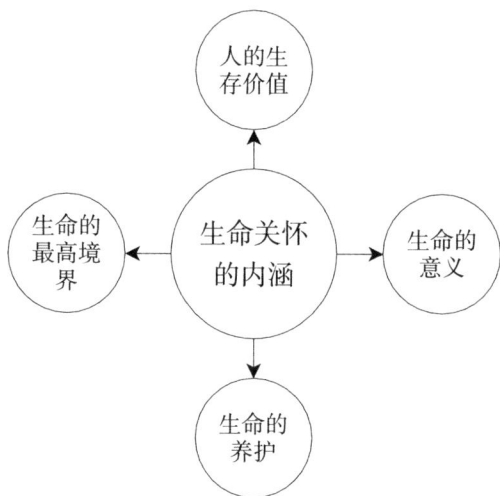

（一）人的生存价值在于不断地提升生命的能量和质量

庄子对生命的价值认识是多维度的，他虽然注重肉体生命的养护，但更注重精神生命、灵性生命的长存，注重激发生命的能量、提高生命的质量。

**第一，强调延长生命的长度。**庄子认为人类寿命的理想状态是能够颐养天年，最理想的状态是成为"至人""真人""神人"，与天地同在。庄子所讲的生命不是肉体的生命而是精神的生命，也就是说，虽然人的肉体生命不在了，但精神生命还存在。要实现这种"精神的长生"，就必须与自然合而为一，消除"我执"。《庄子·天地》云：

> 其动止也，其死生也，其废起也，此又非其所以也。有治在人，忘乎物，忘乎天，其名为忘己。忘己之人，是之谓入于天。

意思是说，人的动静、生死、穷达，都不是自己安排得来的。一个人所能做的，是忘掉外物，忘掉自然，这样就叫作忘己。忘掉自己的人，可以说是与自然融为一体了。由于"忘我""无我"，与自然融为一体，这样就精神长存，也就长生了。

庄子认为，人能够摆脱"物役"，就能达到生命无限的境界。他在《庄子·齐物论》中说："大泽焚而不能热，河汉冱而不能寒，疾雷破山、飘风振海而不能惊。若然者，乘云气，骑日月，而游乎四海之外，死生无变于己，而况利害之端乎？"这就是超越了利害、计较、人我的分别，达到了精神的绝对自由，回归到本真的我，达到"无古今"和"不生不死"的境界。庄子认为，生理意义上的生命，在历史的长河中都是短暂的，只有超越了时间的限制，才能获得长生。而作为肉体的生命是做不到这一点的，只有实现精神的长生，才能获得生命的永恒。有些修行的道士，追求羽化成仙、长生不老，留下了许多传说。不过，这只是传说而已，真正的长生不老至今仍未见到。在现实生活中，有许多仁人志士、名家大师、科学名流、英雄模范，正是以他们的创造发明、精神风范、道德行为实现了生命的不朽，给后人留下了"念想"，这才体现了生命真正的价值。历史上那些为崇高的理想、为真理和科学、为祖国和民族的事业而献身的人，都永留青史，永垂不朽。例如：写下了被称为"史家之绝唱，无韵之离骚"的《史记》的司马迁；忠贞不屈、矢志报国的苏武；"宁溘死而流亡兮，不忍此心之常愁"的屈原；写下"人生自古谁无死，留取丹心照汗青"的文天祥。高山仰止，景行行止，他们为后人所敬仰，他们的生命穿越了时空而为人们所永记。

　　**第二，强调人活着要有生命的高度。**人的生命与自然界其他动物的生命不同，是身、心、社、灵的结合体，表现为四个层次：一是"身"，是指作为自然的生理生命，这一点与其他动物是一样的，也就是具有形体，是生命的物质基础，要求能够健康地活着；二是"心"，是指有心理需求、情感需要，有意志、智能的生命，这就使人具有主动性、创造性、能动性；三是"社"，是指作为社会身份的生命，在社会中具有一定的身份、名望，能够有尊严、体面、自信地生活；四是"灵"，是指作为灵性的生命，这就是精神充实、灵魂安宁，自由、自在、灵性得到充分释放，实现生命的超越。大多数人生活在生命的第一、第二、第三层次，很多人达不到第四层次。庄子认为人应该努力达到第四层次。他在《庄子·逍遥游》中说："其视下也，亦若是则已矣。"人应该像《庄子·逍遥游》里的大鹏飞到九万里高空，使精神得到放飞，飞得高、飞得远。如果生命能达到如此高度，自然会达到一个非常人能及的地步。这样的人，会产生强大的气场，使其灵性得到充分的发挥，潜能发挥到极致。

**第三，强调人活着要有生命的宽度。**庄子在《庄子·逍遥游》中说："小知不及大知，小年不及大年。"意思是：小知识比不上大知识，寿命短比不上寿命长。拥有生命的宽度，就是拥有大智慧，拥有宽广的视野，从而看到世界的宽度。生命有宽度的人，就有大格局、大视野、大作为。

**第四，强调人活着要有生命的温度。**这是指生活在一个有爱、有尊严、有自由的世界里，享受大自然的阳光、人文关怀、人间的温情，过着至乐的生活。

生命的长度，就是一个人的生理生命和精神生命长度；生命的高度，就是一个人生活的层次；生命的宽度，就是一个人施展才华的空间；生命的温度，就是一个人情感生活的丰富性，既付出关怀又得到关爱，生活在一个有爱、有情的环境中。只有这四个维度全面发展的人，才处于完整的生命状态，才能找到生命的真谛，明白人生的意义所在。

## （二）生命的意义在于享受人生的欢愉

生命的存在，其意义在哪里？庄子认为在于享受精神之乐、自然之乐和自由之乐。他在《庄子·天道》中说："与人和者，谓之人乐；与天和者，谓之天乐。"意为：与人和谐，称为人乐，与自然和谐，称为天乐。人乐和天乐可促进身心快乐。

文中又云："知天乐者，其生也天行，其死也物化。静而与阴同德，动而与阳同波。故知天乐者，无天怨，无人非，无物累，无鬼责。""言以虚静推于天地，通于万物，此之谓天乐。天乐者，圣人之心以畜天下也。"意思是说："体会自然之乐的人，他活在世上时顺应自然而运动，他离开人世时混同万物而变化，平静时与阴气同归沉寂，运动时与阳气同步波动。因此体察到自然之乐的人，不会受到天的抱怨，不会受到人的非难，不会受到外物的牵连，不会受到鬼神的责备。""这些话就是说，把虚空宁静推及天地，通达于万物，这就叫作天乐。所谓天乐，就是圣人的爱心，用以养育天下人。"庄子认为，人生要享受快乐，这个最大的快乐就是"天乐"，即顺应自然而运动，混同万物而变化。

《庄子》中讲了"庄周梦蝶"的故事："庄周梦为胡蝶，栩栩然胡蝶也，自喻适志与。"庄子视天地为一座多彩的花园，人犹如蝴蝶一样翩然飞舞。在庄子看来，在宇宙大化发育流行中，人的一生倏然而来，倏然而往，安时而处顺，无往而不乐。在庄子看来，生命是欢愉的源泉，欢愉是生命的价值。这也反映了庄子对生死的达观态度，正如印度文豪泰戈尔所说："生如夏花之绚烂，死如秋叶之静美。"

孟子对人生快乐的看法与庄子基本上是一致的。《孟子·尽心上》曰："君子有三乐，而王天下不与存焉。父母俱存，兄弟无故，一乐也；仰不愧于天，俯不怍于人，二乐也；得天下英才而教育之，三乐也。君子有三乐，而王天下不与存焉。"孟子认为，君子的快乐有三个层次：一是享受天伦之乐，父母、兄弟姐妹都活着，彼此亲爱，这种乐实际上是一种自然之乐。这是因为，父母俱在才可以尽孝，有兄弟姐妹才可以尽悌，由此再推广到其他人身上，这是顺乎自然的要求。二是享受心安、宁静之乐。对上无愧于天，对下无悔于人，没有做过亏心事，坦荡无忧，心灵得到了宁静。孟子认为，只有对天地存着谦卑的敬畏之心，人才可以在德行上日新又日新，谨慎、循理、平安和吉祥。三是享受精神自由之乐。得天下英才而教育之。这个"教育"并不是教师的专利，而是每一个前辈或长辈都可以做到的事。培养优秀人才是为他人、为国家造福的事业，比创造物质财富更为重要。人才是兴国之本，能够培养和造就人才，既为国家作出了贡献，又发挥了自己的才智，实现了自我的价值，这是一种精神自由之乐。这三种快乐并不包括用仁德统一天下。

人们对快乐和幸福的感受同样也有不同层次，有口腹之欲得到满足之乐，有享受天伦之乐，有有朋自远方来之乐，有求知进德之乐，还有寻道、证道、行道之乐。

庄子认为，最高的快乐是享受精神之乐，这是一种内心之乐、本心之乐。

诚然，快乐是建立在一定的物质基础之上，但快乐又是一种主观感受。

根据马斯洛的需求理论，当人的需求得到满足时，就会产生快感，层次越高，快感就越大。人们的衣、食、住、行、性、安全等需求得到满足，就会产生愉悦感。进而是人的自我价值得到了实现，即名望、地位、利禄等等，这就是古人所说的人生"四大乐事"："久旱逢甘露，他乡遇故知，金榜题名时，洞房花烛夜。"然而幸福又不能与金钱、名利画上等号，有的人虽然身居高位，权倾四野，但并不快乐和幸福，要时时刻刻防备随时可能发生的危险事情；有的人虽家财万贯，但要时时担心财富的流失和别人的抢占，总是忐忑不安。为此，庄子提出了一个问题：人生最大的快乐是什么？他认为，富贵、长寿、名声、权位等的获得都要付出代价，并且享受这些快乐的后遗症也很大。心灵的自由自在，"无心而为"，才是天下之至乐。这种觉悟使人看透生死，放下了金钱、名位。

《庄子·至乐》中说，天下人所看重的，是财富、显贵、长寿、名声；所喜爱的，是身处安逸、饮食丰美、服饰华丽、绚丽的色彩、美妙的音乐；所鄙视的，是贫穷、卑贱、短命、诟辱；所苦恼的，是身体得不到安逸，口里吃不到美食，身体穿不到华服，眼睛看不到彩色，耳朵听不到乐音。如果得不到这些，就十分忧虑甚至害怕，这样对待自己的生命，也太愚蠢了。"夫富者，苦身疾作，多积财而不得尽用，其为形也亦外矣。夫贵者，夜以继日，思虑善否，其为形也亦疏矣。人之生也，与忧俱生，寿者惛惛，久忧不死，何苦也。""惛惛"为神志不清的样子。意思是说，富贵的人往往被认为是很幸福的，其实并不然，他们平时辛勤操劳，但最后离开世界时，财富不能全部享用，财富对他来说只不过是一个数字；位尊的人，常日夜思考决策的对错，提心吊胆，如履薄冰，连睡觉也睡不香；那些一心希冀长寿的人，与忧愁共生，常担心随时会失去生命，这是何等的痛苦啊！这样对待生命是不值得的。

庄子认为，世俗之人的快乐都是群相趋附，坚定不移地追求不得不做的事，然后大家都说这是快乐。

庄子把"无为"当作真正的快乐，他说"吾以无为诚乐矣"。所以说，至高的快乐是消解了快乐，至高的声誉是消解了声誉。要想达到至乐与保全生命，或许只有无为可以做到。这是因为，天"无为"所以能清明，地"无为"所以能安宁，是因为这两种"无为"互相配合，使万物得以变化成长。

若以"至乐、治身"为目标，或许只有"无为"才可能达成。这种"无为"，从表面上看是无所作为，其实是不妄为，是像天地那样，在自然状态中成就一切，得到全面、自由的发展，充分实现个人的价值。

### （三）生命的养护要形神俱一

如果说尽情欢愉是一种人生态度，那么这种欢愉的获得就离不开对生命的养护。它的核心是形神俱一，即形与神融为一体，而不各自分离。

庄子在《庄子·达生》中阐述了形神兼养的养生原则。养神对养形来说至关重要。如果想要避免形体的操劳，最好就是抛开世事。抛开世事就不会疲劳，不疲劳就平心静气，平心静气就会感到与万物一起重获新生，形体保全而精神恢复，就能与自然融为一体。"夫形全精复，与天为一。天地者，万物之父母也。合则成体，散则成始。形精不亏，是谓能移；精而又精，反以相天。"意为：形体保全而精神恢复，就能与自然融为一体。天地是万物的父母；各种物质相合必形成物体，物质离散就回归原始。形体与精神没有受到损伤，就能顺应各种变化；反复修养精神，反过来还有助于自然变化。

庄子在这里强调的是养形要动，形体通过运动，使气血、经络畅通。而养神在于静，心静则会使情绪平稳，即平心静气，同样能够使气血流通顺畅。《庄子·天道》说："虚则静，静则动，动则得矣。静则无为，无为也则任事者责矣。无为则俞俞，俞俞者，忧患不能处，年寿长矣。"意思是说：心境虚空就会平静宁寂，安静的人才会有合理行动，行动合理就有所收获。帝王内心虚静就会推行无为政治，推行无为政治就能使任事的人各尽其责。清静无为也就从容自得，从容自得的人便不会身藏忧愁与祸患，就能长寿。

庄子认为养生的准则是"身动心静"。"身动"就是适度运动，"心静"就是不要为世间的俗务所束缚，不要让心神过度疲累。当今许多"过劳死"，大多是心神过度消耗而使形神不能合一。为此，庄子强调"形全精复"。

太史公司马谈在《论六家要旨》说："神者生之本也，形者生之具也。"这是说精神是生命的根本，形体是生命的体现。《黄帝内经》中也强调了"养神"的重要性:"恬淡虚无,真气从之,精神内守,病安从来。"指出思想守闲清静,心无杂念,可保证正气调和,精气与神气守持于内,从而达到形体与精神的协调共存。庄子所讲的"养生"要"形神俱一"与《黄帝内经》讲的"形神共养"是一致的,具有一定的科学道理。

**(四) 生命的最高境界是超越生死**

庄子认为,人要走出生命的困境,必须从世俗的桎梏中解脱出来,实现生命的超越。

庄子用理性主义和自然主义的态度来对待生死,通过三个方面认识死亡并最终超越死亡。

**第一,死亡是必然的**。生命的来去都是人力难以控制的。《庄子·大宗师》说:"死生,命也,其有夜旦之常,天也。人之有所不得与,皆物之情也。"《庄子·德符充》中描述了哀公与孔子的一段对话:哀公曰:"何谓才全?"仲尼曰:"死生、存亡、穷达、贫富、贤与不肖、毁誉、饥渴、寒暑,是事不变、命之行也……"在对话中,我们可以看出孔子认为困厄、贫富、好坏、毁誉等,都是命运的安排,皆为自然规律,不以人的意志为转移。庄子对此观点是赞同的,他也认为人人都是平等的。

**第二，死亡是自然的过程。**生命是自然规律的体现，是宇宙大化中的一个自然进程。庄子认为，生与死都是"气"的聚合与离散，因而"死生同状"。他临死时还风趣地对弟子说："在上为乌鸢食，在下为蝼蚁食，夺彼与此，何其偏也！"

**第三，对死亡的超越。**庄子主张生死不分、死生齐一，即超越生死，置死生于度外。《庄子·刻意》说："其生若浮，其死若休。"《庄子·大宗师》也说："不知所以生，不知所以死。"一方面要坦然面对死亡，把死亡当作安息，当作人生痛苦的大解脱；另一方面更应该从有限的生命中活出无限的品质来，要正视并超越死亡。

为此，必须顺时安命，重身轻物，看淡、看轻一切身外之物。在庄子看来，个人生存的意义与目的显然不在于任何外在的东西，个人并不是被任意驱使的工具，不仅不能被他人驱使，甚至亦不是自己情欲或意志的工具。人自身的存在与发展，就是人生存的最高目的，也是人生的终极意义之一。因此，人要不为外物拖累，要重视生命的价值。人创造物的目的是用"物"来为人服务，而不是人为"物"所役。人要全生保身，提高生命的质量。人的生命是由自然变化所产生的，既然自然的造化赋予人以生命，那么人就应该善待生命，珍惜生命，注重养身和养神，让个体能够回归自然，灵性地、逍遥地享受生命。

## 三、《庄子》生命关怀的当代价值

庄子生命关怀理论不论对社会还是对个人，都提供了一个新的视角，是追求社会和谐和人生幸福时必须审视的问题。

### （一）《庄子》生命关怀理论为我们提供了正确的发展坐标

在当今社会发展中，应把人类的生命价值放在首位，这是不容置疑的。但是，伴随社会发展的过程，有时出现目标的迷失，比如对 GDP 的盲目推崇，特别是当经济发展与生命安全发生矛盾时，有时会选择牺牲生命，而换取经济的发展，比如在某些地区出现污染环境、浪费资源的现象。尽管国家提出了"既要绿水青山，也要金山银山"的发展口号，但由于某些问题导致这一措施并没有完全落实。在个人发展中，也常常出现"二律悖反"的现象。在功名利禄与生命价值的天平上，有的人为了功名利禄宁愿选择放弃生命，这种舍本逐末的现象也是常见的。庄子主张人首先要保全形体生命。《庄子·养生主》开篇就讲要"保身""全生""养亲""尽年"。乱世之中，庄子及其弟子深感肉体生命脆弱。《逍遥游》《胠箧》《则阳》《让王》等篇章，述功伐，叹乱离，是因为庄子目睹了太多的生命凋零，深切感受到生命如草芥，因此对生命体悟颇深，也更清楚活着的意义。在《内篇·人间世》中，庄子说："先存诸己而后存诸人。"虽借笔下的孔子之口说出，却也是庄子的切身体会。庄子认为，让人活着且感到快乐，这才是社会发展的正确目标，以生命为代价去换取经济的一时发展是本末倒置的。在社会的发展过程中，要以实现人的生命价值作为最高的标尺。

　　庄子认为，"存身"是生命的首要之义，但是，人不能仅仅停留在活着，而要有更高层次的追求——那便是有尊严地活着，快乐地活着。庄子追求的是一种生命的自由，他主张"逍遥"的生命境界观，"天地与我并生，而万物与我为一"的万物齐一的生命观，以自然和真善美为主导的生命价值观。用今天的话来说，就是要把人民群众对美好生活的向往作为奋斗目标，以国民幸福指数的提高作为社会发展的方向。庄子的生命观为我们今天的发展提供了一个科学的坐标。

**（二）《庄子》生命关怀理论增强了人类悲悯、关爱的道德情怀**

在庄子看来，世界上的生物都应当得到尊重和关怀。人类只是地球上的一种物种，必须与其他生物和谐共处、共生、共享。这个看法要求我们摒弃人类中心主义思维，促进世界生物的多样性发展。这也是当代生态文明思想的理论基础。庄子认为，人与其他生物是能感同身受的。在《庄子·秋水》中，庄子认为鱼很快乐，是因为他将自己融入鱼的生活情境，看到"儵鱼出游从容"，认为这是"鱼之乐"，这就是同理心的一种体现。

庄子对生物尊重、保护的观点，给我们敲响了保护生物多样性的警钟。今天，虐待甚至虐杀动物的事情时有发生，这正是生命关怀意识缺失所导致的。

文明的发展，需要人们去更好地尊重生命，尊重生命所赖以生存的环境，这不仅是对动物和环境的爱护，也是人类自身可持续发展的需要。进行生命关怀教育可以体现生态文明思想，更能体现构建人类命运共同体的理念，同时，也是对悲悯精神、关爱意识的培育。

### （三）《庄子》生命关怀理论能让人们获得人生真正的幸福和快乐

庄子在《庄子·至乐》中发问："天下有至乐无有哉？"天下有没有最大的快乐？如果有最大的快乐，人们要做些什么，依靠什么来获得呢？

庄子的回答是：在这个社会，"夫天下之所尊者，富贵寿善也；所乐者，身安厚味美服好色音声也；所下者，贫贱夭恶也；所苦者，身不得安逸，口不得厚味，形不得美服，目不得好色，耳不得音声。若不得者，则大忧以惧，其为形也亦愚哉！"意思是说：世上的人们所尊崇看重的，是富有、高贵、长寿和善名；所爱好的，是身体的安逸、丰盛的食品、漂亮的服饰、绚丽的色彩和美妙的音乐；所讨厌的，是贫穷、卑微、短命和恶名；所痛苦烦恼的，是身体不能获得舒适安逸，口里不能吃到美味的佳肴，身体不能穿着漂亮的服饰，眼睛不能看到绚丽的色彩，耳朵不能听到悦耳的音乐。假如得不到这些东西，就会忧愁和担心，他们这种养生的做法实在是太愚蠢了！因此，庄子认为身心为功名利禄所役，甚至舍弃身体健康一味地追逐功名利禄是一种愚蠢的做法。

庄子说："至乐无乐，至誉无誉。"人生最大的快乐和荣誉，是"无乐"和"无誉"，这是发自内心的、自然而然产生的，并没有刻意去追求。真正的快乐是与自然相融合、与天地相感应的，真正的荣誉是不需要赞扬、不需要掌声的。这种快乐，并非由物质或地位等因素决定，而是取决于一个人的智慧和境界。这实际上是人内心平静的快乐，校正了其所追求的人生目标。诚然，功名利禄本身并无对错，追求功名利禄是人生的动力之一，关键在于人们获取的途径和欲望的程度，假如用损害、剥夺自己的生命健康、自由去获取功名利禄，那么这种快乐是畸形的，对人自身的发展没有任何好处。

# 第二讲　生命的本源：道

生命从哪里来？生命的本质是什么？这是一个距离我们最近又最远的问题。生命与我们距离最近，这是因为人们每天都在享受生命，生命又是遥远的，因为目前我们对生命的基因、细胞、构造、机能仍然未有科学清晰的阐述。例如，第一个人是如何诞生的，生命的微观构造是什么样的，如何延缓生命的衰老？我们都难以作出科学的回答。于是，我们从神话中找答案，中国有"女娲造人"之说，西方有"上帝造人"之说。本讲将对"生命"两字进行解读并介绍儒、释、道三家对生命的认知。

## 一、"生命"两字的解读

"生命"一词在先秦时期已经出现，《战国策·秦策三》曰："万物各得其所，生命寿长，终其年而不夭伤。"

"生"，象形字。甲骨文为，金文为，两者的形象都像一棵植物在地上生长出来，下从地，上为生出的小草芽。篆文为，隶变楷书写作"生"。

《说文解字·生部》曰："生，进也。象草木生出土上。""生"的本义为草木生长出土。"生"的引申义很多，如生育、生命、生存、生活等。按《说文解字》的解释，生是一种进取、进步、进入、进行的状态，后引申为凡有渐进现象的都属生之列。

命，会意字。甲骨文为𝕟，古代振铎以发号令，向人发出命令之意。甲骨文中命和令是同一个字形。金文为𝕒，上部是一个屋顶，下部是一个面朝左跪坐的人在发布命令，这个命令是从口中发出的。小篆为从口，令声，意为一尊者向众人发号施令。

《说文解字·口部》曰："命，使也。"本义为指派，如《诗经》"维君子命"，只要是君王的命令就执行。但"命"字用得最多的还是指一个人的命运，古人认为人的穷通福祸、朝代的更替是上天的安排，"命"可引申为天命、命运。如"命里注定""福大命大""命薄福浅""听天由命""乐天知命""生死有命，富贵在天"等。

生命对每个人来说只有一次，每个人的命运都是独特的。中国的先哲常常谈到"命运""生命"。孔子讲要"知天命"。孟子说："莫之为而为者，天也；莫之致而至者，命也。"荀子说："节遇之谓命。"庄子说："知其不可奈何而安之若命。"命运常连在一起说，但命与运有所不同，运是一个人在某一时期的遭遇，命是一个人在一生中的遭遇。一个人要事业有成，要靠才、命、力，即天资、命运、努力。"生命"两字包含如下含义：

**第一，生命由天、地、人"三合"而成。**

"命"字上为"人"、中间为"一"，组成"亼"，代表"天、地、人"三而合一的思想。天地合，万物生，契合了老子"人法地，地法天，天法道，道法自然"的观点。从生物学意义上看，有"性"才有"命"，命是性之行为的结果，所以有性命之说。人类的祖先对人的生命有朦胧的认识，中国的神话传说认为伏羲和女娲是人类的始祖。伏羲和女娲为阴阳二神，两人相交而生育，这是阴阳化生万物的开始。西方《创世纪》认为人类生命的起源是亚当和夏娃在伊甸园里受了蛇的诱惑偷吃禁果而生子。生物学意义上的命，实际上是指肉体的生命，这是一个人最基本的命，不管是贩夫走卒，还是达官贵人，都必须先有肉体的生命，才谈得上政治的生命、艺术的生命、精神的生命。一个健全的生命首先是以一个人的肉体生命为基础的，"命"字的第一信息揭示了生命的起源。

**第二，生命植根于大地，又回归于大地。**

"生"字从人，从土，土为土地、大地，滋养着万物的生长，将万物兼收并育。人是天地所生，人体生命的本源来自天，却生于地，土以广阔的胸怀为人类提供了御寒的衣服和充饥的食物。同时，生活在土地上的人又为土地带来无限的生机与活力。人生于土地，最终又归于土地。传说女娲造人，是用泥土捏成人形，并吹了一口气，泥人就有了生命，因此人体元素与地球元素是相通的。地球有金、木、水、火、土五行，人的身体有五脏；地球有阴、阳之分，人类有男、女之别。

**第三，天命不可违、宿命不可取。**

"命"的谐音为冥，冥中有定数。"命"字，带着天赋的人性，从一点得一气，有气则成命，地赋人命，从口，口吃谷米，获取地气。父母赋身，即阴阳交合，合成一口人。"命"包含着人身、心、性的信息，冥冥之中都是天注定，这就是天命。一个人无法选择何时、何地出生，这都是命运的安排。但人又不能完全"听天由命"，而要"敢于与命运抗争"，既要顺应自然规律和人类发展的规律，又要勇敢地突破命运的困境，敢于"扼住命运的咽喉"，发挥人的主观能动性，在抗争中改变命运。"命"和"运"常常联系在一起。一个人能够成功要靠天助、他助，更重要的是自助。

庄子认为命不可变。他在《庄子·天运》中说："性不可易，命不可变，时不可止，道不可壅。"意为，本性不可更改，命不可改变，时间不会停留，大道不可阻塞。

吕蒙正在《寒窑赋》中说："天有不测风云，人有旦夕祸福。蜈蚣百足，行不及蛇，家鸡翼大，飞不如鸟。马有千里之程，无人不能自往。人有凌云之志，非运不能腾达。……天不得时，日月无光。地不得时，草木不长。水不得时，风浪不平。人不得时，利运不通。"从大的方面看，一个人生活在什么样的时代、国家，决定了他的命运。从小的方面看，一个人是否有贵人提携，和什么人在一起，决定了他能否成功。"命"是既定的，"时"是随机的，"运"是变化的。人生的运势多有变数，运数的变化取决于时机。对于命运的把握就是在具备时机时有牢牢抓住的能力。

有一本书叫《了凡四训》，讲的是一个叫袁了凡的人既顺应天命又修德造命，从而改变了自己命运的故事：

　　明代思想家袁了凡幼年丧父，母亲让他学医。一次，袁了凡上山采药，路过慈云寺的时候，遇到一个孔先生，自称善于推算人的命运。袁了凡很好奇，就让他算。孔先生说："你本是个当官的命，明年就能考中秀才，还是别学医了吧！"袁了凡将信将疑，征得母亲同意后，弃医从学，第二年果然考中秀才。他服了，把孔先生请到家中，让他推算自己一生的命运。孔先生也不客气，给他算得很详细，比如哪一年考取第几名、哪一年做贡生、哪一年当县长，甚至告诉他，他会在53岁那年的八月十四日丑时寿终正寝，命中没有儿子。

　　补贡生时，孔先生的话再次灵验。自此，袁了凡相信一个人的进退浮沉，都是命中注定。他感到心灰意冷，既然一切都是命定的，还要不辞辛苦地折腾什么呢？于是，他选择了及时行乐，整天游山玩水。

　　有一天，袁了凡到栖霞山闲逛，遇到了云谷禅师。禅师看到他有一种宠辱不惊的淡定与从容，大为惊异，问他："自从你进来后，我不曾看见你起一个妄念，这是什么缘故呢？"袁了凡老实地描述了此前事件经过，说："既然命运是个定数，没有办法改变，再有什么想法又有什么用呢？"

云谷禅师笑道："我本来认为你是一个了不起的豪杰，哪里知道你原来只是一个庸庸碌碌的凡夫俗子。命由自己造，福由自己求，哪里有不可更改的定数呢？"

一句话点醒梦中人。于是，袁了凡开始积德行善，每天都做好事，同时埋头苦读，发誓要打破命运的魔咒。第二年，他参加秋季乡试，高中第一名，而孔先生给出的定数是第三名。随后，他到京城参加会试，竟然考中了进士，这在孔先生的命运预言里是不存在的。

从此，袁了凡把所谓的定数完全抛在了一边，结果命运发生了神奇的逆转。他不仅当了县长，还在兵部当上了司长，有了自己的儿子，不仅活过了53岁，还活到了74岁高龄。69岁那年，他把自己身体力行改变命运的事，写成了《了凡四训》传给后人。

其实，命运是可以改变的。一个人与其信命，不如奋斗，改变命运。

人的生命有三个层次。第一层：大部分人一直生活在物质世界中，一辈子忙忙碌碌，为养家糊口而生活，即使走到生命终点时仍不明白为何而来，将回归何处。第二层：少数人开始舍外求内，有意识地选择放下一些对物质的渴求，回归身体本质层面，花精力去修复、还原自我的身体和心灵。第三层：上升到灵性境界，悟到一切遇到的人、一切创造的事、一切经历的情，都是为了完成这一世的使命，他们体会到了真正的幸福和快乐所在，他们的心灵得到成长，自由自在。这是人生最高境界层，但是很少有人达到。

著名的弘一法师，就经历了人生的这三个层次。他出生于天津，家境颇为富有，青年时东渡日本留学，不仅学习西洋油画，还进修钢琴和作曲理论。回国后，他大力提倡艺术创作，并将西洋文学艺术引入中国。可就在他的艺术发展蒸蒸日上之时，他毅然摒弃世俗，于1918 年在杭州虎跑寺正式披剃为僧，法名"演音"，号"弘一"。从一位世家公子（人生第一层），成长为才华横溢的艺术家（人生第二层），最后成为佛教高僧（人生第三层），生命归于平淡、平静，进入了精神自由的境界。

世界上每个人的命运都是独一无二的，时光不会重来。不同的命运使生命丰富多彩，有了多种选择、多样人生、多种归宿、多种意义，世界才会灿烂多姿。

## 二、儒、释、道三家对生命的认知

人的生命是什么？儒、释（佛）、道三家都作出了不同的回答，集中体现在对"生死"的态度、价值和感知上。

```
                          ┌─ 儒家：乐天知命
                          │
    生命的认知  ──────────┤─ 佛家：了生死
                          │
                          └─ 道家：道是生命的本源
```

### （一）儒家对生命的认知

儒家对生命的认知，集中在《论语》和《孟子》中。孔子在《论语》中对此有很多论述。

**第一，儒家认为生命由天定。**

《论语·颜渊》说："死生有命，富贵在天。"意思是说，人的生死或寿命长短都是命中注定的，人的贵贱或贫富也是上天注定的，非人力所能改变。

孔子认为，命是不以人的意志为转移的，也不是人的理智可以说明的。对于生命的变幻，孔子发出了无可奈何的感叹。

《论语·雍也》记载："伯牛有疾，子问之，自牖执其手，曰：'亡之，命矣夫！斯人也而有斯疾也！斯人也而有斯疾也！'"孔子的弟子伯牛生病了，孔子前去探望他，从窗户握着他的手，说："我们要失去他了，这是命啊！这样的人竟得了这样的病！这样的人竟得了这样的病！"

《论语·先进》记载："颜渊死。子曰：'噫！天丧予！天丧予！'"孔子的弟子颜渊死了。孔子说："噫！天亡我也！天亡我也！"在天命与人意相违时，孔子无可奈何，发出深深的感叹。儒家认为，人的生命由天定，往往是人力难以抗拒的。虽然这一看法带"宿命论"的成分，但也指出了生命中的生与死是一个自然过程，既有必然性，也有偶然性，当天命难违时，不妨顺其自然。

《论语·尧曰》说："孔子曰：'不知命，无以为君子也。'"孔子说：不了解命的道理，没有办法成为君子。孔子主张积极地"知命"之后就要勇敢或坦然地"顺命"。

**第二，儒家主张人要勇敢地面对死，更要明白生的意义。**

孔子认为，生与死都是难以知晓的，知生重于知死，如果生无意义，死就更无价值。

《论语·先进》记载："季路问事鬼神。子曰：'未能事人，焉能事鬼?'曰：'敢问死。'曰：'未知生，焉知死?'"

孔子认为，生与死是不可分的，只有知道如何生，才能明白死的意义。离生而言死，是荒诞；离死而言生，是愚昧。在《论语》中，"生"字出现十六次，"死"字出现三十八次。在上述对话中，子路请教如何服侍鬼神。孔子说："没有办法服侍他人，怎么有办法服侍鬼神?"子路又问："斗胆请教死是怎么回事?"孔子回答："没有了解生的道理，怎么会了解死的道理?"孔子希望人们活在当下，珍惜生的日子，让每一天过得有意义。如果不明白为何生，讨论死的问题也就毫无意义。

**第三，要过好有德性的生活。**

孔子对生命的关注更为强调的是道德生命。《论语·卫灵公》说："子曰：'志士仁人，无求生以害仁，有杀身以成仁。'"孔子说，有志者与行仁者，不会为了活命而背弃人生理想，却宁肯牺牲生命来成全人生理想。当"求生"与"害仁"发生冲突时，儒家主张选择后者。儒家把道德生命看得比肉体生命还重要。孟子后来也沿用孔子这一看法，主张"舍生取义"。他说："生，亦我所欲也；义，亦我所欲也。二者不可得兼，舍生而取义者也。"（《孟子·告子上》）孟子认为，"生"与"义"有时会发生矛盾，当产生这两难选择时，应优先选择"义"，这是一种风骨，也就是今天所提倡的见义勇为之举。

**第四，人要主动地承担天命、使命。**

作为仁人志士，要为承担历史使命而活，为天命而死。这就是为信仰而死，要有殉道的生命意识。《论语·泰伯》说："士不可以不弘毅，任重道远。仁以为己任，不亦重乎？死而后已，不亦远乎？"孔子认为，仁人志士以行仁为自己的责任，这个担子是沉重的，直到死方才停下脚步，这个路程是很遥远的。

《论语·里仁》说："朝闻道，夕死可矣！"意为：早上明白了道，就算当晚死了也无妨。孔子认为，如果明白了道，是生是死都是无所谓的。从这个方面看，孔子也非常注重精神生命。孔子认为"其生也荣，其死也哀"，把寻道、行道看得比生命还重要，把死亡看作服从于"闻道"的工具，充分体现了孔子对超越生命的感悟。

孔子对"生死有命，富贵在天"的认知，并非要人们遵循宿命的安排，随波逐流，得过且过，放弃抗争，而是劝诫人们，面对不可知的漫漫人生，要心存谦卑与感恩，乐天知命，凡事全力以赴，尽力而为，并坦然接受生命最后的结果与安排，从容面对生命中所有的变化和因缘，用坦然的心态去应对生活，进而活出一个安然、自在的人生。

（二）佛家对生命的认知

佛家以"四谛八道"构建其理论体系，佛祖释迦牟尼创立佛法的宗旨是"了生死"，其对生命的认知主要有以下观点：

**第一，生命的起源是因缘的聚合和分离。**

佛家认为"四大皆空"，生命是因缘的聚合和分离：因缘聚合，生命就产生了；因缘分离，生命也就走到尽头。因此，要一切顺其自然，功名、利禄、情感都应放下，不再执着。《金刚经》云："一切有为法，如梦幻泡影，如露亦如电，应作如是观。"释迦牟尼佛创立佛学是为了"了生死"，使人间没有生、老、病、死的痛苦，实现"涅槃"，不生不死是永恒生命的最高要求。

**第二，生命都是无常和短暂的。**

曾经有禅师问其弟子："人的生命有多长？"有弟子答："几十年。"禅师摇摇头。有弟子又说："几个月。"禅师还是摇摇头。一个弟子问："总有几个小时吧？"禅师回答："生命就在一呼一吸之间，下口气接不上上口气，生命就停止了。"禅师的看法虽然有点悲观，却说明了生命的无常。这就是"天有不测风云，人有旦夕祸福"，自然界和人类社会中常常危机四伏，让人防不胜防。在这种无常下，人类不能只感到无助，相反，要活在当下，把握当下，珍惜生的宝贵时光，让每一天过得有意义。

**第三，修禅的宗旨是解脱生死。**

禅宗认为，参禅的目的是明心见性，解脱生死。《六祖坛经·付嘱品》有以下记载：六祖慧能预知即将于八月圆寂，对弟子交代后事。"法海等闻，悉皆涕泣。惟有神会神情不动，亦无涕泣。师云：'神会小师，却得善不善等，毁誉不动，哀乐不生。余者不得。数年山中，竟修何道？汝今悲泣，为忧阿谁？'"法海等僧众听了慧能的话，个个声泪俱下，悲痛万分，只有神会一个人不动神情，也不悲泣。慧能说："神会这位小师父年纪虽小，却达到了对于善与不善能平等相待，不为荣辱所动的境界，你们其他的人都没有达到。你们在山中修持多年，到底修的是什么佛道？你们现在悲哀哭泣，是为谁忧伤？"慧能又说："若忧吾不知去处，吾自知去处。……法性本无生灭去来。"意思是说：假如你们是忧伤我去世以后不知往哪里去，这是没有必要的，我知道自己的去处。其实，诸法本性是没有生也没有灭，没有去也没有来的。慧能提倡节哀，反对过度悲伤。他又说："吾灭度后，莫作世情悲泣雨泪。受人吊问，身着孝服，非吾弟子，亦非正法。但识自本心，见自本性，无动无静，无生无灭，无去无来，无是无非，无住无往。"意思是说：我灭度后，你们不要如世俗之人那样悲哀哭泣。接受人们的吊唁慰问，穿着孝服，都不是我的弟子，也不合无上的佛法。只要你们能够识自本心，见自本性，就能够了知自性没有动静，没有生灭，没有去来，没有是非，不停留也不离去。在慧能看来，生固然可喜，死亦不可悲。生死是一体两面，生死循环，为自然之理。许多禅师对于死亡都看得很淡，洒脱地面对。宗衍禅师说："人之生灭，如水一滴，沤生沤灭，复归于水。"道楷禅师临终前说："吾年七十六，世缘今已足，生不爱天堂，死不怕地狱，撒手横身三界外，腾腾任运何拘束？"许多禅师面对生死，有的坐立而亡，有的预先祭灭，有的入水唱歌而去，他们皆视死为解脱。

**第四，生命在轮回中永生。**

佛家认为，每一个人都有前世、今世和来世。今世的果是前世的因，今世的因是来世的果。今世积德行善，来世上天堂；今世作恶祸民，来世或入地狱永不超生，或变为牲畜。轮回是有情生命不断转换的过程，劝导人们从德向善。消极地看，轮回是众生无边的苦海。积极地看，它则是有情生命无限的生机和希望。它劝导人们做一个好人、善人，当死亡来临时，自然无所畏惧，甚至是笑着走向人生的终点。正因为如此，许多信奉佛教的人不仅能坦然地面对死亡，而且能达观地离世。

唐代僧人王梵志认为："有生皆有灭，有始皆有终。气聚则成我，气散即成空。""为人何必乐？为鬼竟何悲？""生时不须歌，死时不须哭。"由于他视死亡为自然之事，故对死亡抱着超脱的态度。

**（三）道家（庄子）对生命的认知**

庄子对生命本质的认知比儒家、佛家更为具体和深刻，他认为道是生命的本源，生死同状，死生齐一。

**第一，庄子认为道是生命的本源。**

庄子认为道生化万物、养育万物。他从道出发，描述了人的生命所经历的状态，即道—德—物—命—形—性的发展过程。他在《庄子·天地》中说："泰初有无，无有无名。一之所起，有一而未形。物得以生，谓之德；未形者有分，且然无间，谓之命；留动而生物，物成生理，谓之形；形体保神，各有仪则，谓之性。""泰初"是指宇宙混沌的本系，也即道、即一。它蕴含的阴、阳两种元素，彼此流行无间，形成了"命"。元气之神，阴阳互盛，冲气为和，便产生了"物"。万物生成后具备各种形态，就称为"形"。形体保有精神，各有规则，便称为"性"。

庄子认为道是万物之源。道，无始无终，无形无象，无处不在。"道"是世界的本源，道自本自根，无始无终而永存，天地无终而永存，天地万物都源自道而生生不息。道是一切自然世界、社会人心的本源，也是生命的本源。这个本源是虚无的，即"未始有物"，人活在这个世界上，有生老病死，从无变为有，又从有变为无，生命只是一个存在的过程。

庄子在《庄子·大宗师》中讲道："夫道有情有信，

无为无形，可传而不可受，可得而不可见；自本自根，未有天地，自古以固存；神鬼神帝，生天生地；在太极之先而不为高，在六极之下而不为深，先天地生而不为久，长于上古而不为老。"意思是说："道"是真实而又确凿可信的，然而它又是无为和无形的；"道"可以感知却无法用手接，可以领悟但无法看见。"道"自身就是本，就是根，在还未出现天地的远古时代"道"就已经存在；它产生了鬼神，产生了天地；说它在太极之上不足说明它的高，说它在六极之下不足说明它的深，说它先于天地存在还不足说明它的久远，说它年长于远古不足说明它的长寿。庄子认为，自然和人是浑一的，人的生死变化是没有什么区别的，因而他主张清心祭神，离形去智，忘却生死，顺应自然。这就叫作"道"。

庄子把道、德、万物贯通起来，认为"道"是平凡、普通、"无处不在"的。《庄子·知北游》中，东郭子向庄子请教："你所说的道究竟在哪里呢？"庄子说："无处不在。"东郭子说："一定要说个具体地方才可以。"庄子说："在蝼蛄和蚂蚁身上。"东郭子说："为什么会在如此卑微的地方呢？"庄子说："在杂草中。"东郭子说："为什么越说越卑微呢？"庄子说："在瓦砾之中。"东郭子说："为什么越来越过分呢?"庄子说："在屎尿中。"东郭子不出声了。庄子关于"道"的论述，包含了以下三层意思：

首先，"道"是无所不在的，世上的蝼蚁、杂草、瓦砾和屎尿都有道，凡是真实之物，皆有道在其中。虫有虫道，草有草道，人有人道，即使盗贼也有道。

其次，"道"虽然"无处不在"，但并不等于说"道""无所不是"，"道"是发展变化的。

最后，"道"存在于普遍的事物之中，是要破除"我执"，"以道观之，物无贵贱"，高贵和卑贱皆有其道。

**第二，庄子提出了生命气化一元论。**

庄子认为道产生了气，气产生了命，从道到命的中间环节是气。气分阴、阳，所谓"阴阳于人，不翅于父母"就是说人的生命由阴阳两气相交而生。宇宙万物的存在都是靠这两种气的活动，气聚则生，气散则死，一切都是源于气的变化。人的生命产生于气，它的存在也依赖于气，假如人没有了气，就意味着生命结束。

人之生死，有如气之聚散，因此人应知道身体、性命、子孙皆非自己所有。

　　《庄子·知北游》说："生也死之徒，死也生之始，孰知其纪？人之生，气之聚也；聚则为生，散则为死。若死生为徒，吾又何患？"意为：生是死的同类，死亡是另一种生存的开始，谁知道其中的规律呢？人的出生，是气的聚合；气聚合就形成生命，气离散就意味死亡。如果能明白生死一样的道理，我又有什么好担心的呢？

　　庄子认为，在领悟气化一元之后，要让人的精神层次有机会向上提升。换言之，人的生命、身体，甚至是一生的际遇，都和宇宙的大气融合。

　　庄子关于生命起源于"气"的看法，与现代科学关于生命的认知是一致的。英国天文学家弗雷德·霍伊尔（Fred Hoyle）终其一生都在探索生命的起源问题，认为随机化学创造出生命的概率就像龙卷风吹过垃圾场，然后纯属意外地创造了一架大型客机。他说，我们今天所知的细胞生命体太过于复杂有序，不可能起源于纯粹的偶然，在此之前一定有更简单的自复制体。英国物理学家吉姆·艾尔—哈利利与约翰乔·麦克法登在《神秘的量子生命》一书中阐述了生命的起源：在原始的化学合成过程中存在同时具有基因和酶的功能 RNA 分子，它们在最初的复制过程中产生了许多变异体，这些不同的变异体互相竞争，在分子层面展开优胜劣汰。随着时间的推移，这些 RNA 复制体获得蛋白质以提高复制的效率，并由此产生了 DNA 和活细胞，这些活细胞又在量子相干性的促进下产生了生命。现代科学提及的"活细胞"和"量子运动"的结合，与庄子所讲的"气"其实是同个东西。"气"以及"气化"，是生命产生的本源和基础。中医认为，阳气和阴气是生命的本源，也是生命的能量，是生命运动的动力。人的衰老是源于气的消耗，人如果没有气了，就意味着生命已结束。

为此，生命要顺其自然。《庄子·达生》说："生之来不能却，其去不能止。"意为：生命到来时不能拒绝，离去时无法挽留。生与死个人往往难以主宰，生是偶然，死是必然。既然如此，不如顺其自然。

庄子进一步讨论人的生与死，指出生和死都是"气"的变化，是自然现象，因而应"相忘以生，无所终穷"，这样才能实现精神超脱物外。

**第三，庄子认为人的生死同状，死生齐一。**

庄子认为"天地与我并生，万物与我为一"。在庄子的眼里，死是寂静安然地归于自然，与自然融为一体，是生命本质的自然回归。他在《庄子·大宗师》中说：

"死生，命也，其有夜旦之常，天也。人之有所不得与，皆物之情也。"庄子认为，死和生均非人力所能安排，犹如黑夜和白天交替那样永恒变化，都是自然规律。有些事情人是不可能参与和干预的。他在《庄子·知北游》中说："生也死之徒，死也生之始。"生死不断地转换，是"大自然"早已安排好的结局，不是人的主观意识可以改变的。庄子在这里打破了生死的绝对界限，认为生并不意味着拥有什么，死也并不意味着失去什么，生死同一，互相转化。人赤条条地来，也赤条条地走，因此，生并不令人欣喜，死也不需惋惜、悲痛，不如坦然、自在、无牵无挂地去。

庄子以自然主义的态度和立场通达生死，视生死为一体，达到了对死亡的解脱和超越。这是一种主观精神的超越，是对生命的时空超越，是一种审美的超越，达到了天人合一的境界，具有浓厚的浪漫主义情怀和理想主义色彩。庄子心目中的"真人""至人""神人"就是这种超越生死界限的绝对自由的体现者。

**第四，庄子认为生命要遵道，要做一个道德完美的人。**

庄子认为，应明辨"道"与"德"。"道"是万物的来源和归宿，也是万物的本性与禀赋；"德"是万物得于道的表现。

他在《庄子·德充符》中强调，要追求做一个道德完美之人。道德完美之人包括如下内容：

一是形全。即保持身体自然的完整状态。正如《孝经》所说："身体发肤，受之父母，不敢毁伤，孝之始也。"形全，是"孝"的表现。形全，就是要让人的肌体不受到伤害，让身体每一个部位的功能都能得到发挥。

二是才全。庄子借用孔子的话说："死生、存亡、穷达、贫富、贤与不肖、毁誉、饥渴、寒暑，是事之变、命之行也。""使日夜无隙，而与物为春，是接而生时于心者也。是之谓才全。"庄子认为死生、存亡，穷达、贫富、贤能与不肖、诋毁与称誉，饥渴、寒暑都是事物变化、自然规律运行的结果。要使心灵平和安逸、通畅而不失愉悦，要使心境日夜不间断地跟随万物融会在春天般的生气里，这样便会因接触外物而萌生顺应四时的感情。庄子在这里强调"才全"要保持平和、愉悦的心态，去掉荣辱、贵贱、好恶、是非的情感，做到通达万物而不失真实。无论日夜，时时刻刻都与万物相推移，相互配合，好像四时源自心中一样，这就叫作"才全"。

"才全"是保持真实的能力，是由形全提升到德全的中间环节和关键。

三是德不形。什么叫"德不形"呢？庄子借笔下之孔子说："平者，水停之盛也。其可以为法也，内保之而外不荡也。德者，成和之修也。德不形者，物不能离也。"庄子以"水"作为物象来表达"德不形"。老子说过"上善若水"。"水"有谦卑、无私、刚柔等品性，但又平平常常。孔子在这里回答了什么叫作"德不外露"：平，是水静止时的完美状态。它可以作为平的标准，保持内部平静而不被外物所动。所谓德，就是事得以成功、物得以顺和的最高修养。有德而不对外炫耀，万物自然不会离他而去。德不形，是指有德之人会让人看不出迹象，似有若无，这是顺其自然的极致表现。一个人有德，不自以为是，不自傲，不形于色，不到处炫耀，更显出其胸怀和境界。

庄子所讲的道德完美的人，包括了形、才、德三大要素，这与我们今天所讲的"生命健全的人应身、心、灵和谐"是一致的。一个完整的生命应身体没有病痛、才智没有障碍、心灵得到解放，身、心、灵协调一致。

# 第三讲　生命的长生：养护

　　生命的长生，是人类的追求，而要达到这一目标，必须精心养护。正如一部正常运作的机器，要减少磨损，必须经常加油、维护，以延长其使用的寿命。为此，道家提倡"贵身"，佛家提出"护生"，其意义是一致的。

　　庄子主张重身保性，认为世间一切名利的诱惑都是有损身体健康的，也不利于养身。《庄子·让王》说："虽富贵不以养伤身；虽贫贱不以利累形。"富贵、贫贱等世俗束缚了人的本性自由，这种违反自然规律的行为，必然造成有害的后果。庄子否定了当时普遍存在的把重物轻身当作人生追求的价值取向，在《庄子·骈拇》中说："小人则以身殉利，士则以身殉名，大夫则以身殉家，圣人则以身殉天下。"庄子认为，人们有各自的人生追求，但是无论为私为公，为追求身外之物而不惜牺牲性命的价值取向，都是应该舍弃的。什么也比不上生命重要，如果一个人连生命都没有了，身外之物又有什么用处呢？所以，庄子主张以养护个体生命为中心，认为只有个体生命存在，万物才有意义。《庄子·则阳》讲："今人之治其形，理其心，多有似封人之所谓：遁其天，离其性，灭其情，亡其神，以众为。故卤莽其性者，欲恶之孽为性，萑苇蒹葭始萌，以扶吾形，寻擢吾性。

并溃漏发，不择所出，漂疽疥痈，内热溲膏是也。"庄子说，如今人们保养自己的形体，调理自己的心性，许多都像这守边人所说的：脱离天道，背离天性，泯灭真情，丧失精神，多事多为。因此以粗疏鲁莽的态度对待自己天性的人，把各种欲念与邪恶根植入天性，这些祸根就像萑苇、蒹葭遮蔽禾黍那样生长起来，开始时似乎还可以用来养护我们的形体，但渐渐地就拔除了自己的本性，就像遍体毒疮一齐溃发，不知选择什么地方泄出，毒疮流脓，心灵如焚以至于遗精，都是这个原因。庄子在这里指出了许多人对身心的调理和养护，违背了人的本性，丧失了天性、真情和精神，放任对现实欲望的追逐，使人性中的自私、贪婪等恶性日益膨胀起来，在毁坏人自然本性的同时，也逐渐迷失了人生真正的归宿，给身心带来了伤害。庄子哀叹世人这种不懂养生的行为，"今世俗之君子，多危身弃生以殉物，岂不悲哉！"庄子从自然大道的角度出发，认为要珍惜有限的生命，必须用养身去延续个人的自然生命和维护心理上的健康，效法天地自然之道，循依自然之本性而生活。为此，庄子专门写了《庄子·养生主》论述养生的意义、养生的内容和方法。

```
              ┌──────────┐
              │  如何养生  │
              └────┬─────┘
      ┌────────┬───┴───┬────────┐
   ┌──┴──┐  ┌──┴──┐  ┌─┴───┐  ┌──┴───┐
   │顺应 │  │遵循 │  │养神 │  │心斋  │
   │自然 │  │自然 │  │重于 │  │保全  │
   │之理 │  │之道 │  │养形 │  │生命  │
   └─────┘  └─────┘  └─────┘  └──────┘
```

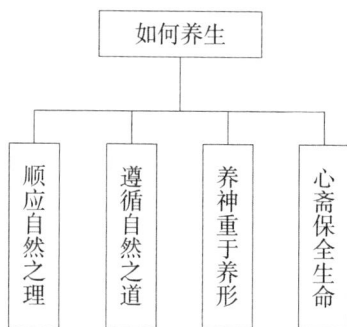

## 一、顺应自然之理，享尽天年

享尽天年，这是人们的祈求，对此，庄子在《庄子·养生主》中提出要顺应自然、依循天理、葆光全尽的生存理念。他说："吾生也有涯，而知也无涯。以有涯随无涯，殆已！已而为知者，殆而已矣。为善无近名，为恶无近刑。缘督以为经，可以保身，可以全生，可以养亲，可以尽年。"

殆，是陷入困顿，引申为危险的意思，这里指疲困不堪、神伤体乏。缘督，缘为遵循，督为中正之道，这是顺从自然之中道的意思。这段话是说，人们的生命是有限的，而知识是无限的。用有限的生命去追求无限的知识，势必体乏神伤。知道这个道理却还在不停地追求知识，那可就十分危险了！做善事不要贪图名利，做坏事不要触犯刑罚。依循自然的中正之道并把它作为生活原则，就可以保护自身、保全天性、赡养父母、享尽天年。

庄子的这段话包含着如下四层含义：

**第一，指出了人的生命的有限性。** 庄子用生命与知识作比较：知识好比是一片汪洋大海，人的生命只不过是沧海一粟。一个人可以很博学，但知识无法穷尽，我们不可能什么都精通，一个人假如一辈子能够在某一领域学有专长，有所发现和创造，那就很厉害了。求知本来是一件好事，但假如痴迷于求知，用"头悬梁，锥刺股"的方式去求知，短时间是可以的，若长此以往身体必会受到损伤。庄子在这里借用了知识是海洋这一事实，指出人的生命与之相比，是极其有限的，为此不能过度痴迷。其实，像名利、地位、权势等，过多、过度的欲望都会伤害人的身心健康，是不可取的。

**第二，做人要有底线，做事不要图名。** 做事决不能触犯法律，否则会招来牢狱之灾，同时，为善不要带有功利之心，更不要贪图名利。人一旦贪图名利，就违背了为善的初心，会使善行变味。一个人一旦被套上了"善人"的荣光，就会受到无形的压力，也会招惹是非。

**第三，养生的核心，要以顺中为常。**即顺应虚静的
自然之理。这就是"缘督以为经"。缘，就是一切顺其
自然，不强求、不执着，用虚静、无求、坦然、平和的
心态面对一切。

**第四，养生的目标是保身、全生、孝亲、安享天年。**
庄子在这里强调不仅要保身，还要保全天性，承担赡养
父母的责任，终享天年。这里指出了养生的目标不仅是
长寿，还有身、心、性、德的全面发展。养生的内容是
形神共养、全生、孝亲和安享天年。

## 二、养生的关键在于遵循自然之道

"庖丁解牛"是大家熟知的一个典故，多用于形容
技巧达到了出神入化的程度。其实，庄子讲这个故事，
是为了阐述养生之道。

庖丁给文惠君宰牛，他的手所接触到的地方、肩膀
所靠到的地方，脚所踩到的地方、膝盖所顶到的地方，
皮肉筋骨发出咔嚓咔嚓的声响，运刀之际的咔嚓之声，
没有一处不符合音律的，既符合《柔林》的舞蹈，又符

合《经首》的节奏。

　　文惠君说："啊！好极了。你的技术怎么竟然达到这种程度呢？"庖丁放下刀，回答说："我所爱好的是道，已经超过技术层次了。我最初肢解牛时，所见到的是一整只牛；三年以后，就再也看不见一头完整的牛了；到了现在，我凭意识宰牛而不必用眼睛来看，器官停止了活动而意识在继续起着作用。顺着牛的天然肌理，割开筋骨交接的地方，伸向骨节之间的空隙，依照着它本来的结构去宰割。我连经络骨肉连接的地方都不去碰，更何况是大骨头呢？好厨师每年换一把刀，因为全用刀割肉；一般的厨师一个月换一把刀，因为是用刀砍骨头。如今我这把刀已经用了十九年，肢解过数千头牛，而刀刃还像在磨刀石上磨过一样。牛的骨节之间有空隙，而我的刀刃薄得没有什么厚度。以没有厚度的刀刃插入骨节之间的空隙，自觉宽绰并且还有活动的余地，因此我的刀用了十九年而刀刃还像刚在磨刀石上磨过一样。虽然如此，每当遇到筋骨交错的部分，我知道不好处理，都会特别小心谨慎，目光集中，举止缓慢，然后稍一动刀，牛的肢体就会分裂开来，像泥土一样散落在地上。我提刀站立，环顾四周，意志从容而志得意满，然后把刀擦干净收藏起来。"

　　文惠君说:"善哉,吾闻庖丁之言,得养生焉。"

　　庄子讲述的"庖丁解牛"这个故事阐明了养生的道理,给人的生命养护提供了启示:

　　**第一,"道"是比"技"更高层次的东西**。生命的养护,"道"比"技"更为重要。"道"就是天地人和、阴阳平衡、中道适度,遵循生命运动的规律和自然规律。养生先养心,养心先养性,养性要养德。但是,许多人养生,陷入了对"技"的追求,比如如何饮食、如何运动等,而没有领悟养生之大道,舍本逐末,陷入了"技巧"崇拜,出现了"养生大师"早逝的笑话。

　　**第二,养生先养神**。庖丁在解牛时,聚精会神,精神内守,心无杂念。"臣以神遇而不以目视,官知止而神欲行。"一个人身累不要紧,怕的是心累。假如每天心慌意乱,神散形疲,必然寝食不安,进而内分泌失调,引发疾病。

　　**第三,顺应自然之法**。庖丁解牛就是按照牛的肌理,顺着牛的骨、筋、肉的空隙去肢解,用力巧妙,其实,这就是循"道"。人的生命养护也要如此,顺应自然的节律，保持阴阳的平衡、饮食的平衡、身心的平衡，选择合乎自然的生活方式。

## 三、形神的保养在于清静

庄子认为，养生要注重形神共养，让形神融为一体。养形是养生的基础，养神是养生的核心，而养神的意义比养形更为重要。

《庄子·在宥》曰：

"至道之极，昏昏默默。无视无听，抱神以静，形将自正。必静必清，无劳汝形，无摇汝精，乃可以长生。目无所见，耳无所闻，心无所知，汝神将守形，形乃长生。慎汝内，闭汝外，多知为败。我为汝遂于大明之上矣，至彼至阳之原也；或汝入于窈冥之门矣，至彼至阴之原也。"

意为：大道的精髓，深邃得难以认识；大道的极致，高妙得无法明白。你什么也不要看不要听，保持精神宁静，身体自然健康。一定要清静无为，不要劳累你的身体，不要消耗你的精力，这样就可以长生。眼无所见，耳无所闻，心无所知，你的精神就能守护好形体，形体就可以长生。注意保养你内在的精神，封闭你外在的感官，智巧太盛定然招致败亡。我将带你登上光明之地，抵达那至阳的源头；我将帮助你进入幽深文境，直达阴气本原。庄子在这里强调的是"养心"，只有做到心神宁静才能长生。那么，如何做好形神的保养呢？

**第一，形神的保养要保持心平气顺。**《庄子·达生》指出："夫忿滀之气，散而不反，则为不足；上而不下，则使人善怒；下而不上，则使人善忘；不上不下，中身当心，则为病。""忿滀"为淤积郁结。庄子认为，病生于气，气结则病生。他说：因愤怒而结聚的气，如果向外发散而不收回，就会使人疲惫不堪；如果往上升而不下沉，就会使人容易发怒；如果往下沉而不上升，就会使人容易健忘；如果不上升也不下沉，就会积结在心里，从而生病。中医认为"气郁""气结"都是致病的根源。人的情绪影响了人的气机的运行，气血畅通是健康的前提，为此，要保持身心的舒畅。

**第二，形神共养要节制性欲与饮食。**《庄子·达生》说：人最该畏惧的是色与食，如果缺乏节制，趋于极端，必然伤及生命。"人之所取畏者，衽席之上，饮食之间，而不知为之戒者，过也！"意思是说：最让人畏惧的，在于枕席上的纵欲和饮食间的不当，而不知对此多加戒备，真是错误啊！庄子在这里讲的"衽席之上，饮食之间"，重要的是防止"过"，要避免纵欲无度，暴饮暴食。

**第三，形神共养要追求内心的平静。** 庄子认为，外在的欲望损害了人的形神。《庄子·外物》云："利害相摩，生火甚多，众人焚和，月固不胜火，于是乎有债然而道尽。"意为：利害互相冲突，内心焦急万分，人们搅乱了内在的平和，清明恬淡的心境禁不住欲望的焚烧，于是有人精神崩溃而致使生机丧尽。"债然"是指溃败的样子。

《庄子·让王》云："今世之人居高官尊爵者，皆重失之，见利轻亡其身，岂不惑哉！"意为：现在世间位居高官要职的人，都唯恐失去官职，见到利益就轻易忘记了身体的处境，这难道不是糊涂吗！

《庄子·达生》说："达生之情者，不务生之所无以为；达命之情者，不务知之所无奈何。"意为：明白生命真实状况的人，不会去追求生命所做不到的东西；明白命运真实状况的人，不会去追求命运所达不到的目标。这就是说，对身外之物不必看得过重，功名利禄与生命相比，都只不过是浮云。虽然运是可以改变的，但命却是不可抗拒的。"命里有时终归有，命里无时莫强求"，一个人所追求的目标应与自己的德才相匹配，不可好高骛远、不切实际，否则会让身心疲累。

庄子在《庄子·达生》中借孔子与弟子颜渊的对话说："凡外重者内拙。"即凡是以外物为重的，内心就会变得笨拙。正如一个走钢丝的人，一旦把成功看得过重，必然患得患失，结果出现差错。会游泳的人会"忘水"，会潜水的人"视渊若陵"，无视水。这是因为他们以平常心面对，所以做起来轻松自在。

《庄子·庚桑楚》云："宇泰定者，发乎天光。发乎天光者，人见其人，物见其物。人有修者，乃今有恒；有恒者，人舍之，天助之。人之所舍，谓之天民；天之所助，谓之天子。"意为：内心完全安定的人，会发出自然的光辉。发出自然光辉的人，人们见了他会视为朋友，万物见了他会视为同类。注重修养的人，才有恒久安定；恒久安定的人，人们才会依赖他，天才会帮助他。人们所依附的，可称为圣人；天所帮助的，可称为天子。只有心定，才能神闲。内心安定的人，泰然处世，从容不迫，自然气定神闲，形神便处于和谐的状态。

## 四、"心斋"是生命保全之法

庄子认为，名利再怎么可贵，也比不上生命。名利是社会群体所制造的，会妨碍个体自我的心灵修养。如果为名利而牺牲，当然是本末倒置。

《庄子·人间世》说："名也者，相轧也。"意为：好名，就会互相倾轧。为了名明争暗斗，斗得你死我活的事例并不鲜见。为此，他提出了"心斋"的养生方法，即排除外界声色的诱惑，清洗内心的欲念，以达到维系自我身心的纯朴宁静。

何为"心斋"？斋，即斋戒，指祭祀前的清心洁身。"心斋"指内心的斋戒。庄子借用孔子的口回答了"心斋"的方法，说："若一志，无听之以耳而听之以心，无听之以心而听之以气。听止于耳，心止于符，气者也，虚而待物者也。唯道集虚，虚者，心斋也。"孔子的弟子颜回请教老师，问："什么是'心斋'？"孔子回答说："你必须摒弃杂念，思想专一，不仅要用耳去听，更要用心去领悟；不仅要用心去领悟，更要用空净心态去感应。耳朵只能聆听，心只能跟外界事物交会，凝寂虚无的意境才是虚弱柔顺而能应待宇宙万物的。只有大道才能汇集于凝寂虚无的心境。虚无空明的心境就叫作'心斋'。"心斋"其实就是修心、养神的一个法门。在这里庄子讲了"心斋"以耳、以心、以气的三个阶段：第一阶段，用耳去听，要虚心倾听，敞开听的渠道。听，使人信息灵通，耳聪目明。第二阶段，心志专一，不仅是用耳去听，更要用心去听。听、看、触、味、闻都是人对外界的感知途径，仅用"五感"去感知，只能获得事物的表象，而用心去感知，透过现象去看事物的本质，感知表象背后的真相，才能达到心志专一。第三阶段，不但要用心去听，而且要用气去听。耳听只能听见声音，心听只能了解现象，气听则是空虚而准备响应万物。气听是虚心、平静、不带有任何偏见，不带有惯性思维，也不固执己见，即"无门无度"，没有特定的门户与成见，没有执着和偏见，这就是用"虚空"来超越。所以，"心斋"就是心的清静和虚空。

　　"心斋"与"坐驰"形成了强烈的对比，"心斋"是没有杂念，而"坐驰"则是心神四处遨游，只有把心思巧智排除在外，才可以使心神内聚。为此，庄子说："瞻彼阕者，虚室生白，吉祥止止。"意思是说：看看那空静的心，空静的心能产生一种纯净境界，吉祥事就会到来。

# 第四讲　生命的境界：逍遥

　　《庄子》的第一篇《逍遥游》讲的是生命的最高境界。《庄子·逍遥游》以神话传说的形式，寓说理于寓言和生动的比喻中，描述了一种无所依傍的精神自由之境。

　　"逍遥"一词，最早见于《诗经·郑风·清人》："清人在消，驷介麃麃，二矛重乔，河上乎逍遥。"意为：清邑军队驻在消，披铁甲的四匹马威武无边，两支矛装饰着重重红缨子，在河边来回闲逛真逍遥。此外，《离骚》中有"折若木以拂日兮，聊逍遥以相羊""欲远集而无所止兮，聊浮游以逍遥"的句子。《庄子·逍遥游》中"逍遥"只出现一次："今子有大树，患其无用，何不树之于无何有之乡，广莫之野，彷徨乎无为其侧，逍遥乎寝卧其下。"意为：如今您有这么一棵大树，却担忧它没有什么用处，怎么不把它栽种在空阔的地方，栽种在无边无际的旷野里？悠然自得地徘徊于树旁，清静无为，躺卧树下，逍遥自在。陈鼓应《庄子今译今注》中说："《逍遥游》篇，主旨是说一个人当透破功名利禄、权势尊位的束缚，而使精神活动臻于优游自在、无挂无碍的境地。"

　　庄子所关注的"游"，不是游玩，而是随心所欲在入世与出世之间游走，是不受现实时空限制的，是游于想象中的神人居住的地方，是无穷的"游"。而"游"的主体不是人的身体，而是心。可见，庄子所谓"游"，指的是在无穷精神世界中的漫游。他把"逍遥"与"游"结合起来，是指自在超逸，游于方外。这是庄子超然物外，任天适性的精神意象。庄子认为，人要获得独立与精神的自由，必须从人生"有待"的困境中超脱出来，从而获得"无待"的自由。"逍遥游"指的就是精神的自由，它以心灵的自由解放为目的，于社会现实之外寻求一个超脱的人生，以实现对生命、对现实的超越。

在人类物质文明不断发展的今天，庄子试图为我们在物欲横流、人为物役的现实世界中寻找心灵宁静的港湾提供一种范式，使人性更纯洁、人格更完善、人生更逍遥。

## 一、人的生命价值在于身心自由地飞翔

匈牙利著名诗人裴多菲曾写了《自由与爱情》一诗，诗云："生命诚可贵，爱情价更高。若为自由故，二者皆可抛！"在这里，裴多菲把自由当作最高价值，超

过了生命和爱情。人类的自由状态反映了社会生产力的发展水平和社会的文明程度，一个人的"自由度"，最能体现一个人的生活质量和人生价值。假如一个人没有人身自由和心灵自由，那必将是一件极为痛苦的事情。为此，庄子把自由作为生命的核心价值。他在《庄子·逍遥游》中说：

北冥有鱼，其名为鲲。鲲之大，不知其几千里也；化而为鸟，其名为鹏。鹏之背，不知其几千里也。怒而飞，其翼若垂天之云。是鸟也，海运则将徙于南冥。南冥者，天池也。《齐谐》者，志怪者也。《谐》之言曰："鹏之徙于南冥也，水击三千里，抟扶摇而上者九万里，去以六月息者也。"野马也，尘埃也，生物之以息相吹也。天之苍苍，其正色邪？其远而无所至极邪？其视下也，亦若是则已矣。

这段话的意思是说：北海里有一条鱼，它的名字叫作鲲。鲲的体积，真不知道大到几千里，变化成为鸟，它的名字叫作鹏。鹏的脊背，真不知道长到几千里。它奋起而飞的时候，那展开的双翅就像无边的云。这只大鹏鸟呀，随着海上汹涌的波涛迁徙到南海。南海是个天然的大池。《齐谐》是一部专门记载怪异事情的书，这本书上记载："大鹏鸟飞往南海时，翅膀拍击水面激起三千里的波涛，海面上急骤的狂风盘旋而上直冲九万里高，离开北海用了六个月的时间方才停歇下来。"春日林泽原野上蒸腾浮动犹如奔马的雾气，低空是那么湛蓝，难道这就是它真正的颜色吗？抑或是因为空旷辽远没法看到它的尽头呢？大鹏鸟俯视大地，不过也就像这个样子罢了。

庄子在这里运用了"神思"的美学意象，发挥了丰富的想象力，描绘了鲲鹏的逍遥游。首先，他指出生命形态在于"化"。鲲鹏是从北海游走的鱼转化而来的。鲲鹏击水三千里，扶摇直上九万里。其次，他指出鲲鹏飞得高、看得远，其生命体验也更为丰富。可见，鲲鹏有远大的志向，在自在的状态下能激发出巨大的能量。道家主张无为，但无为并不是什么事也不做。老子著述《道德经》，庄子写了《庄子》，他们并不是什么事也不做，而是寻道，在精神领域探求、思考和发现。庄子用鲲鹏作比喻，象征人的生命的本性是追求自由地飞翔，是不受世俗束缚的作为，是心灵的解放，是自由的思想。

人的心灵随着大鹏鸟高飞而提升，体悟也将异于平地所感知、所感悟。

## 二、人的生命进入逍遥的境界，既要积蓄能量，又要顺时而为

逍遥人生需要积蓄生命的能量，庄子在这里讲从鲲到鹏之化，必须经历一个过程，这是德行的锤炼、能力的提升、心灵的修炼，是自己的聪明才智得到发挥的过程。但是，仅靠主观的努力远远不够，还需要客观条件的配合，才可能成就壮举。为此，《庄子·逍遥游》讲道：

> 且夫水之积也不厚，则其负大舟也无力。覆杯水于坳堂之上，则芥为之舟；置杯焉则胶，水浅而舟大也。风之积也不厚，则其负大翼也无力，故九万里则风斯在下矣。而后乃今培风，背负青天而莫之夭阏者，而后乃今将图南。

庄子认为，水积得不够深，它就没有负载大船的力量。倒一杯水在厅堂的低洼之处，那么小草也可以当作船；放一个杯子，它就会粘在地上不动了，这是因为水

太浅而船太大了。风聚积的力量不雄厚，它就没有承载巨大翅膀的力量。因此，大鹏鸟要飞到九万里的高空，狂风就在它的下面。然后凭借着风力，背靠着青天而不会有任何东西可以阻碍它，然后才可以开始飞向南方。

庄子强调，人生要成就一番事业，需要天时、地利、人和，要在"培风"的基础上乘风而行。如果没有大风，大鹏鸟是无法高飞的。但是风既有顺风，也有逆风。就像我们放风筝，只有遇到逆风，风筝才能飞高。人生不只有顺境，也有逆境和困厄，这其实是一种历练，也是一种经历，更是一种财富。苦难使人生更加丰富，体悟更加深刻。假如人生只有顺境，那么就会缺少对苦难、困苦的感受，更难以体悟什么是真正的幸福、快乐。

要达到生命的最高层次，必须积蓄生命的能量。只有能量充足，才能保证生命的质量。《庄子·逍遥游》说："适莽苍者，三餐而反，腹犹果然；适百里者，宿舂粮；适千里者，三月聚粮。"庄子认为，到城郊旅行的人，一天可以往返，吃饱饭去，回来时肚子还饱饱的；如果你要走百里远的路程，就要提前用一整夜的时间舂米准备干粮；如果你要去千里之外的话，需要提前准备三个月的粮食。

　　庄子告诉我们，假如你要远行，就要根据实际情况做好充分的准备，不仅是物资储备，还包括知识储备、心理储备。如果你的心要远行，就必须储存更多的能量，才能达到既定的目的。

　　如何储备精神能量呢？清静倒是一个不错的修炼方法。

　　"人能常清静，天地悉皆归。"一个人的能量需要长期潜心地积蓄，才能厚积薄发，人的生命潜能一旦被激发，其生命的质量也必然提高。

## 三、人的生命不仅要有长度，而且要有厚度和温度

　　向往长寿，是人类长久以来的美好愿望，它让人们有更多的期待，鼓励人们做更多的事。但仅关注生命的长度而忽视生命的质量是不够的，生命是数量和质量的统一。庄子认为，人只需要在自然的天年中悟道，对活得多久不必苛求。《庄子·逍遥游》云：

　　"小知不及大知，小年不及大年。奚以知其然也？朝菌不知晦朔，蟪蛄不知春秋，此小年也。楚之南有冥

灵者，以五百岁为春，五百岁为秋；上古有大椿者，以
八千岁为春，八千岁为秋，此大年也。而彭祖乃今以久
特闻，众人匹之，不亦悲乎！"

庄子认为：小聪明比不上大智慧，寿命短比不上寿
命长。怎么知道是这样的呢？朝生暮死的菌虫不知道何
为一个月，春生夏死、夏生秋死的寒蝉不明白何为一年。
这些属于短寿。楚国南方有一种海龟，以五百年为一个
春季，五百年为一个秋季；上古时代有一种大椿树，以
八千年为一个春季，八千年为一个秋季。这些属于长寿。
彭祖活了八百岁，到现在还以长寿闻名，众人与他相比，
不是很可悲吗？

生命有短寿和长寿。一般来说，动物界的寿命较短，
菌虫、寒蝉多为半年，小白鼠只有一年，猫有五年，老
虎有十五年，非洲象寿命比较长，可以有七十年。植物
相对来说长一些，如千岁兰寿命是一千年，龙血树是世
界上最长寿的植物，可以达到七千年。生命的长度是相
对自身而言的，即使人活到百岁，与一些植物相比也是
很短的。只有超越了时间，生命才能够永恒。随着物质
生活、自然环境和医疗条件的改善，人的寿命在延长。

世界最长寿的国家是日本人，人均寿命达 83 岁，中国的人均寿命已达 77 岁，居中上水平，与发达国家相比，还有一定的差距。庄子认为，寿命短比不上寿命长，这是一个共识。中国人认为"好死不如赖活着"，长寿是人们梦寐以求的愿望，但如果仅仅看重生命的长度，未免会感到悲哀，人生如白驹过隙，一晃就老了，走到了生命的尽头。因此，庄子又讲了另一句话："小知不及大知。"即小聪明不及大智慧。大智慧就是大道，如果悟道了，人生得以超脱，便获得了精神的永存。人生的价值和意义应该是立体的，包括长度、宽度和温度。有的人虽然很长寿，但无所作为，未能为社会、为他人作出贡献，默默无闻，很快就被世人所遗忘。有的人虽然寿命不长，但留下传世名作，或科学发明，或优秀品德，或名垂青史，或为后人所念想。这两者的人生格局和意义不同，后者的生命永垂不朽。

### 四、超越的智慧，才能使生命进入逍遥的境界

生命的逍遥自在强调的是"游"的状态，即来去自由，进出自在，飞得高，飞得远，飞得久，而要达到这一状态，必须勇于超越。

生命要怎样才能进入逍遥的境界呢？人生的自由受到许多内在和外在的束缚，只有超越、突破才有可能实现。要超越功利，达到道德和精神的至高境界，才能获得生命的逍遥。庄子提出了超越的具体方法。

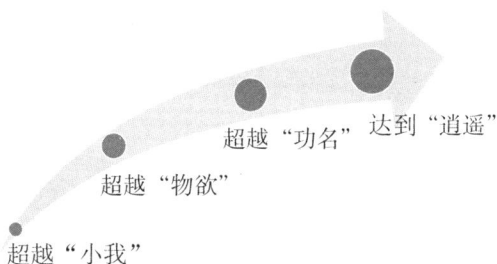

达到"逍遥"

超越"功名"

超越"物欲"

超越"小我"

### （一）超越"小我"

逍遥游是指游走于广阔天空，是一种大胸怀、大视野、大格局，是对自我、小我的超越。《庄子·逍遥游》：

汤之问棘也是已：穷发之北，有冥海者，天池也。有鱼焉，其广数千里，未有知其修者，其名为鲲。有鸟焉，其名为鹏，背若太山，翼若垂天之云，抟扶摇、羊角而上者九万里，绝云气，负青天，然后图南，且适南冥也。斥鷃笑之曰："彼且奚适也？我腾跃而上，不过数仞而下，翱翔蓬蒿之间，此亦飞之至也。而彼且奚适也？"此小大之辩也。

商汤向棘询问的即此事：在那荒漠之地的北边，有一片广漠无涯的大海，是个天然的大池塘。那里有一条鱼，它的脊背有几千里，没有人知道它有多长，它的名字叫鲲。那里有一只鸟，名字叫鹏，它的脊背像泰山那么高，双翅展开犹如天边的云朵，它振翅盘旋奋起而飞，直到九万里的高空，穿过云层，背对青天，然后飞向南方，准备前往南海。水泽边的小鸟讥笑鹏鸟说："你要飞到哪里去呢？我奋力向上飞，不过几丈高就落下来了，在蓬蒿草丛中翱翔，这是我飞行的绝技啊！你还要飞到哪里去呢？"这就是格局小与格局大的区别。

庄子在这里用鹏和斥鷃作比较，鹏扶摇直上九万里，而斥鷃满足于雕虫小技，还嘲笑大鹏鸟。凡人有如斥鷃，见识有限，往往讥笑像鹏那样的有志之士。这是格局小的缘故。格局小的人，往往受到"自我""小我"的局限，视野不开阔，只能在一个小天地里"跳跃"，不但看不到自己的不足，还讥笑别人，这当然不能

"游"走四方，有大作为。

那么，如何超越"小我"？庄子认为要"至人无己"。"无己"就是不以自我为中心，扬弃功名的约束，往来于天地之间。人之所以不能顺应万物之性，是因为有了物与我的对立。我们自己作为衡量万物的标尺，制定了是非好恶爱憎的分别，给万物以无形的干扰，而自己也会不时感到四处受到外物的牵制。因此，要突破自我的界限，要"大公无私"，不把"小我"放在自己的心中。庄子在《庄子·在宥》中说："故贵以身于为天下，则可以托天下；爱以身为天下，则可以寄天下。"这就是说，看重天性甚于看重统驭天下的人，才可以把天下交给他；喜欢天性甚于喜欢统治的人，才可以把天下托付给他。

清朝明臣谢济世，他一生四次被诬告、三次入狱、两次被罢官、一次充军、一次刑场陪斩，可谓经历坎坷，但是，他宠辱不惊，处之泰然。雍正四年，谢济世任浙江道监察御史。上任不到十天，就上疏弹劾河南巡抚田文镜营私舞弊，贪虐不法，被免去官职，谪戍边陲阿尔泰。

与谢济世一同流放的还有姚三辰、陈学海。到达陀罗海振武营时，有人告诉他们：戍卒见将军，要一跪三叩首。姚三辰、陈学海听后神情凄然，为自己作为一个读书人竟要向一介武夫下跪磕头感到耻辱。谢济世却不以为然，劝慰两个同伴说："这是戍卒见将军，又不是我们见将军。"等见到将军后，将军对这几个读书人很是敬重，不仅免去了大礼，还尊称他们为先生，又是赐座，又是赏茶。

出来的时候，姚三辰、陈学海很是高兴，面露得意之色，谢济世倒是一脸平静，他说："这是将军对待被罢免的官员，不是将军对待我，没什么好高兴的。"在别人眼里，遭逢屈辱是一件非常痛苦、难堪的事情；而享受成功荣耀是一件令人得意、欣喜的事情。但谢济世在做人的境界上显然更胜一筹，那就是做到了无我：无论置身于怎样的处境中，总忘却自己的荣辱得失。

心中有我的人很容易患得患失，惴惴不安，处于顺境就喜形于色，欢天喜地；遭逢挫折失败就垂头丧气，怨天尤人。

心中无我，自然心平气和，磊落坦荡。心中无我，才能心无挂碍地坚守做人的底线，富贵不淫，威武不屈；心中无我，才能忘却世事纷扰，心无杂念专注地做自己该做的事；心中无我，才能挣脱各种权钱诱惑和名利束缚，跳出小我的圈子，心灵像骏马自由驰骋于草原，像风筝悠然飘荡在蓝天。

**（二）超越"物欲"**

一定的物质条件是人们赖以生存的基础。一个人假如每天都要为温饱问题而发愁，是无法逍遥的。追求基本的、正常的、合适的物质欲望是无可非议的。但是，今天物质财富日益丰富，刺激人们追求更高的物质水平，致使物欲横流，甚至人为物役，因此，物欲可能会成为逍遥的桎梏。为此，《庄子·逍遥游》中借用许由的话说："鹪鹩巢于深林，不过一枝；偃鼠饮河，不过满腹。"许由安贫乐道、知足常乐，说："鹪鹩在森林里筑巢，所需要的不过是一根树枝；偃鼠到黄河喝水，所需要的不过是装满肚子而已。"庄子在这里指出了要超越"物欲"必须做到以下两个方面：

一方面是节制欲望。俗话说，欲壑难填。有的人在一个物质欲望得到满足以后，又追求另一个欲望，这种人的物质欲望是没有止境的。他们在物质欲望的牵引下，不断地向前冲，随着财富的增长，招惹了盗贼的窥视，随着名声的扩大，招惹了是非的困扰，结果身心疲累。事实上，一个人的消费是有限的，过度的消费不但对自己的身体无益，而且会滋长奢靡的欲望。所谓健康的生活方式便是极简的生活方式，需求简单，生活就会简单，心态就更简单。老子说："为学日增，为道日损。损之又损，以至于无为。"要增加自己的学问，就要做加法，要终身学习，但"寻道"则要做减法，减少多余的欲望，使内心处于宁静，这样才有助于发现真理。

另一方面是要注重追求精神的快乐和自在。物质带给人们的快乐是短暂的，是"边际效应"的递减，正如吃面包一样，吃到第五个，肚子饱了，再吃下去就变成了负担，完全没有了胃口和快感。相反，像"寻道"的快乐、艺术创作的快乐、发明创造的快乐等精神上的快乐，则是"边际效应"的递增，是可以持久的、可以回味的，也是可以共享的。这种快乐和自在超越了时空的限制，可以无限扩大。

**（三）超越"功名"**

庄子发扬了道家淡泊名利的思想，主张"神人无功，圣人无名"。庄子认为，修养达到超脱物外的神人，心中没有功名和功业；修养臻于明智的圣人，从不去追求名誉和地位。在《庄子·逍遥游》中，庄子讲了许由的故事：在传说中，尧很谦虚，想把天下让给许由。尧说："日月都升起来了，而火把还不熄灭，它想显示光明，不是很困难吗？及时雨都降下了，而人还要浇水灌溉，靠浇水来润泽作物，不是徒劳吗？先生一旦即位，天下立刻就会安定，而我还占着这个位子，我觉得自己能力不够，请允许我把天下交给您。"许由回答说："您治理天下，天下已经安定了。而我却要取代您，我是为了名声吗？名声只是实物的表征。我是为了虚名吗？鹪鹩在森林中筑巢，不过所用一根树枝；偃鼠到黄河饮水，不过喝满肚子。您还是打消念头回去吧，天下对我来说没有什么用处啊！厨师即使不做祭品，负责祭神和执礼的人也不会越过酒樽俎案去代替他的职务。"

尧有宽广的胸怀，想把天下让给许由，殊不知许由并不夺人之美，更不贪图功名这种身外之物，他注重追求内在的心灵清净，而不求外在的功名，更不被功名所负累。

庄子在《庄子·刻意》中说："若夫不刻意而高，无仁义而修，无功名而治，无江海而闲，不道引而寿，无不忘也，无不有也，澹然无极而众美从之，此天地之道，圣人之德也。"意思是说：如果不砥砺心志而能高尚，不需讲求仁义而能修身，没建立功名而能治国，不需避居江湖而自然悠闲，不练习导引而能长寿，他们什么都没有，又什么都有。淡泊到了极点，而一切的美德随之而来，这才符合天地之道，具备圣人的品德。天地利益万物有不言，这是天地之道。

功名也是很多人梦寐以求的东西，有的人得到了财富以后，追求的目标是名望和地位，即显贵。有些人也许对财富看得不是很重，却追求名望。其实，名对于人的负累不亚于利。名望同样会给人造成幻觉。在庄子所处的时代，很多人以为要成为圣人，就是要为天下人牺牲，庄子认为这种想法不对，因为当你想帮助天下人的时候，就会人为地、造作地做出一些所谓的"德行""政绩"，这样就会适得其反，可能会扼杀了他人的生机，使他人失去自由发展与成长的机会。而当你争夺名望时，会陷入明争暗斗之中，从而让身心感到疲累。因此，《庄子·刻意》中说："故曰：夫恬淡寂漠，虚无无为，此天地之平，而道德之质也。"恬淡等心志是天地的本性和道德的实质。

## （四）达到"逍遥"

庄子认为，过逍遥人生，首先要把这个世界看得广、看得远，知道天有多高、地有多广，宇宙无限，才能海阔凭鱼跃、天高任鸟飞，让生命在有限中享受无穷。此时，对世俗、功名、利禄、权位的攀比，绝不止于争高低。只要心不被万物所困、所制约、所利用，逍遥就有了空间，生命就能从焦虑的樊笼中解脱出来，获得自由。

而要达到这种状态，必须割断束缚自由自在的绳索。《庄子·盗跖》中庄子列举了这样六种绳索：

一是物欲。现在的富人，耳听钟鼓箫笛的声音，口尝牛羊美酒的滋味，畅快他的心意，遗忘他的事业，可以说是迷乱极了。

二是抑郁之气。沉溺于抑郁之气中，好像背着沉重的东西爬山，可以说是痛苦极了。

三是贪财。为了得到更多的财富而累到生病，贪权而精疲力竭，可以说是病重极了。

四是贪婪。即使财富堆积得像墙一样高，也不知道收敛，还要贪得无厌，可以说是耻辱极了。

五是吝啬。钱财积聚而不用，专意营求而不舍，烦恼不断，可以说是忧愁极了。

　　六是恐惧。在家担心小偷打劫，外出害怕强盗劫杀，从不敢一人外出，可以说是恐惧极了。

　　以上六种束缚不打破就不可能实现生命的逍遥。庄子的这一看法有一定的道理，假如一个人背负着过多的物欲、名利、权位，是不可能达到自在的状态的。

# 第五讲　生命的安放：至乐

人的生命应安放在何处？人生最大的快乐是什么？是富贵、长寿、名声，还是至乐、全身，这确实是人生要回答的一大问题。《庄子·至乐》对此作了回答。

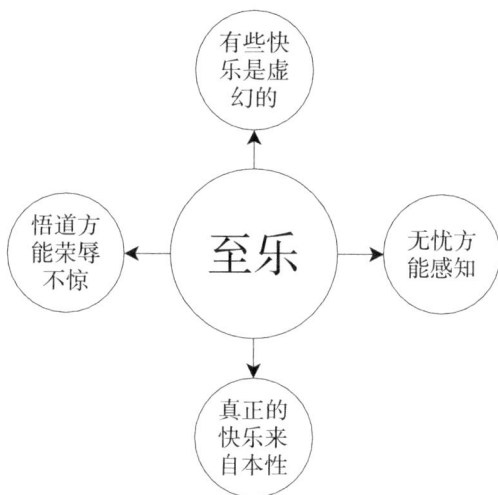

有些快乐是虚幻的

悟道方能荣辱不惊 ← 至乐 → 无忧方能感知

真正的快乐来自本性

## 一、有些所谓的"快乐"是虚幻的

庄子以世间"所尊、所乐、所下、所苦"为内容发问，在《庄子·至乐》中说：天下有没有最大的快乐？有没有养生的方法？我们该从事什么又该保存什么？该逃避什么又该接受什么？该去获取什么又该放弃什么？该喜欢什么又该厌恶什么？他对世上的快乐作出了分析，认为世俗的人选择的快乐不外乎以下几种：

**一是外在财富、显贵、长寿、名声所带来的快乐。**
他说："夫天下之所尊者，富贵寿善也。"庄子说：天下
人所看重的，是财富、显贵、长寿、名声。这种追求功
名利禄的获得都要付出代价，享受这种快乐也有后遗症。
财富、显贵、长寿、名声本身并没有什么不好，但假如
刻意去追求，或者不择手段，以损害生命的代价去获得
那就不值得了。

**二是来自满足感官需求的快乐**。庄子说："所乐者，
身安厚味美服好色音声也。"即喜爱的是安逸、美食、
美服、美色、美音。作为世俗的人，有这种需求也是正
常的。但假如变成一种嗜好，没有节制地去追求，当得
不到这些东西时，就十分忧虑甚至害怕，这样对待生命，
则是太愚蠢了。其实，满足肉体的需要是有限度的，是
"边际效用"式递减的，美食、美色、美服、美音如超
过了一定的范围，也会变成负担，损害生命的健康。

**三是以"无为"的态度实现身心清明安宁的快乐。**
庄子把"无为"当成真正的快乐，而世俗的人却认为那
是很大的苦恼。所以说："至高的快乐是解消了快乐，
至高的声誉是解消了声誉。"这种"无为"，表面上无所

作为，其实却像天地一般，在自然的状态中完成了一切。庄子说道："至乐活身，唯无为几存。请尝试言之：天无为以之清，地无为以之宁，故两无为相合，万物皆化。"意思是说：最大的快乐是生存，只有无为可以保身。请让我谈谈这个道理。苍天无为因此保持清虚明澈的状态，大地无为因此保持安宁寂静的状态，两种无为相互结合，万物就得以衍化生息。在上文中庄子回答了什么是世上最大的快乐。

首先，生存。生死是人生大事，功名利禄、金钱等与生死相比，都不值一提。因为人一旦失去了生命，就失去了享用富贵寿善的基础，因此，健康地活着是快乐的前提。

其次，"至乐"也就是"无乐"。庄子认为"无为"就是真正的快乐，但这又是世俗的人所感到最痛苦和烦恼的。天和地自清自宁无心去做什么却又无所不生、无所不做，却是最至乐的境界。庄子在这里讲的是不要刻意地追求所谓至乐，用"无为"的心态去做"有为"的事业，一切顺其自然，这样才能达到至乐的境界。

庄子在分析了两种不同的快乐以后，又指出了对待生命的不正确态度：

第一，太愚蠢。无节制地追求富贵、长寿、名声，使自己一直处于身心疲惫的状态，还认为这就是生命的乐趣，这其实是愚蠢的行为。有的人还用付出健康的方式赚取金钱，又用赚来的钱去医病，一得一失，结果徒劳无功，一切又都归于零，这无疑是愚蠢的行为。

第二，太劳累。一心追求积累财富，辛勤工作，不惜劳苦身体，结果钱财积累了很多却不能充分享用。许多人日夜奔忙，积累了几辈子也花不完的钱财，却还不知足，甚至日夜加班、透支生命。有时间赚钱，没时间花钱。其实，当人们的财富达到生活必需的程度以后，财富只不过是数字而已。赚钱之后还要考虑花钱，把钱花在造福社会、救助弱小上，更能带来快乐。这就是"知足常乐""为善最乐"！

第三，太疏忽。那些显贵和身居高位的人，夜以继日，思考决策的对错。一直忧心种种，身心疲惫。俗话说："无官一身轻。"显贵的人承担的责任很重，特别是作重大的决策，要负重大的责任，要权衡利弊，会耗费心血，严重的话也会损害生命。

第四，太远离。有的人追求长寿，但假如伴随着长寿的是病痛和忧愁，这是何其痛苦啊，正如俗话说的

"寿者多寿"就是这个道理。庄子认为人生关键在于快乐，长寿与否并不重要。

庄子认为，世俗之人的快乐，都是群相趋附，执着地追求不得不做的事，这些都不是真正的快乐。

### 二、没有忧愁方能感知生命之至乐

世人大都喜生厌死，因为死亡是生命的结束。其实，死亡对逝者来说是解脱，对生者却是悲痛。《庄子·至乐》中用一个寓言讲了乱世致死的五种原因和死亡之乐超过南面称王的快乐。

庄子来到楚国，看见路边有一个空的骷髅头，形骸已经枯槁。庄子用马鞭敲击它，然后问道："你是因为贪图生存、违背常理，才变成这样的吗？还是因为国家败亡、惨遭杀戮，才变成这样的？还是因为作恶多端，担心父母妻子蒙羞，才变成这样的？还是冻饿而死呢？还是自然老死的呢？"说完这些话，庄子就拉过骷髅头当作枕头，睡起觉来。

到了半夜，庄子梦见骷髅头对他说："您谈话的方式像个善辩之人，您所说的那些都是活人的麻烦，死了就没有这些忧虑了。您想听听死后的快乐吗？"庄子说："好。"骷髅头说："人死了，上没有国君，下没有臣子；也没有四季要料理的事，自由自在地与天地并生共存。即使南面称王的快乐，也不能超过它啊。"庄子不相信，说："我叫司命神恢复你的形体，加给你骨肉肌肤，还给你父母妻子与乡亲故旧，你愿意这样吗？"骷髅头皱起眉，忧愁地说："我怎能放弃南面称王一样的快乐，再回人间去辛苦呢？"

用骷髅头作枕头，可见庄子的大胆。其实，庄子是借用骷髅头的话来表达他对死亡的态度。对于人死后的世界，佛教把它分为天堂和地狱，善人进入天堂，恶人下了地狱。庄子在这个寓言里讲了几层意思：

第一，不管出于哪种原因，最终都会死亡。即使一个人好生恶死，也无法逃避这宿命。

第二，人生在世的负累、劳苦以及死亡都是有原因的。人的死亡原因不外乎两种：一种是来自外部的，如国破家亡、自然灾害；另一种是内部的，如老死病死，也有忍受不了羞愧和耻辱而死，最好的是享尽天年而死。在庄子看来，人世间是苦多于乐，活着是一种负累。这个看法既有消极的一面，也有积极的一面。人生其实也是苦乐相依的，有苦才有乐，只有体会痛苦，历经磨难，才更能体会到快乐，因此，快乐的境界是苦中作乐、苦中寻乐，最后超越了苦乐。

第三，强调死亡之乐。人死亡以后没有了等级的差别，没有了尘世的俗务，也没有了人间的种种烦恼，甚至超过了南面称王的快乐。即使恢复了生命，死去的人也不愿意复活。其实，死去之后是苦是乐，谁也说不清楚，谁也无法证明。庄子所说的不过是为了消除人们对死亡的恐惧，假如能死而复活，相信许多人都会愿意，即使人间有许多苦难和烦恼。

《庄子·至乐》说：生命，就是假托借用，由假托借用而出现了生命；这样的生命，其实是尘土泥垢。庄子曰："死生为昼夜。且吾与子观化而化及我，我又何恶焉！"意思是说：死生的变化，就像昼夜的轮替一样。现在我与您一起观赏万物的变化，而变化降临到了我身上，我又厌恶什么呢！

庄子认为生命注定回归大地，所以抗拒无用，平静地接纳就是了。

### 三、真正的快乐来自本性

庄子认为，真正的快乐是发自内心，顺乎本性的，符合自己的情趣、爱好，没有外在的强迫。

庄子认为无法摆脱外物束缚的人不能享受快乐。《庄子·徐无鬼》中说：智谋之士没有思虑上的变化他们就不会快乐，善辩之士没有在辩论上比出高低他们就不会快乐，明察之士没有让他经历凌辱责骂的事情他们就不会快乐，他们都是受到外物的束缚。……钱财积得不多，贪婪的人就会烦恼；权势扩展不快，好胜的人就会难过。仗势图利的人喜欢变乱，这样就容易找准时机而有所作为，他们无法做到清静无为。这些人都是随着情况起伏，无法摆脱外物束缚。他们身心奔波不安，沉溺于万物而不能自拔，终生不会醒悟，真是可悲啊！

为什么说这是可悲的呢？因为这是迷失了本性。《庄子·缮性》说道："古之所谓得志者，非轩冕之谓也，谓其无以益其乐而已矣。今之所谓得志者，轩冕之谓也。"意思是说：古人所谓得志，不是指获得了高官厚禄，而是说心中的快乐无法增加。今人所谓得志，是指高官厚禄。高官厚禄沾身，不是本性之命，而是外物偶然来寄托。寄托的东西，来时难以抗拒，去时也无法阻止。所以庄子说："丧己于物，失性于俗者，谓之倒置之民。"为了名利而丧失自我，在趋附世俗中迷失了本性的人，可称为本末倒置的人。

生命，不在于外在的拥有，而在于内心的丰盛。做人，要想活得好，就必须脚踏实地，量力而行。如果总是奢望一些够不着的东西，只会心力交瘁，让日子过得越来越沉重，必须坦然面对生活中的苦乐，不沉迷于幻想，不追懊过去，不茫然于未来，学会知足常乐，并且以最好的心态活好当下每一刻，淡定从容地过好每一个平淡的日子。这样，何愁人生不快乐！

## 四、悟道方能荣辱不惊

人生有顺境也有逆境。身处顺境自然是快乐的，但身处逆境也能快乐，这就比较难了，只有得道的人才能在顺境和逆境中享受到快乐。《庄子·让王》曰："古之得道者，穷亦乐，通亦乐。所乐非穷通也，道德于此，则穷通为寒暑风雨之序矣！"意为：在古代得道的人，穷困时快乐，通达时也快乐。不是因为穷困与通达而快乐，而是因为他领悟了道，所以穷困与通达只是寒暑风雨的循环罢了。

天地无穷无尽，人生却有时限；以有限的身体寄托于无穷无尽的天地之间，匆促的情况无异于白驹过隙。凡是不能让自己的心思与情意觉得畅快，珍惜自己寿命的人，都不是得道的人。

庄子生活在社会底层，生活清苦，宋国人曹商说庄子"处穷闾厄巷，困窘织屦，槁项黄馘"，就是说他身处偏僻的陋巷，困窘地织鞋为生，饿得面黄肌瘦。但是庄子鄙视追求功名利禄，他认为一心追求富贵的人，必定以降低自己的尊严为代价，才能获得尊贵和财富，这犹如用嘴巴去舔别人的痔疮一样，是他人所不齿的。

《庄子·山木》记载，庄子身穿打满补丁的粗布衣服，用麻绳把鞋子绑好去拜见魏王。魏王问庄子："先生为什么如此疲惫呢？"庄子回答说："是贫穷，不是疲惫。士人身怀道德而不能推行，这是疲惫；衣服坏了、鞋子破了，这是贫穷，而不是疲惫。"可见，在庄子眼中，生活清贫是不值得忧虑的事。人由于外物而丧失了自身，因为流俗而失去了本性，岂不是本末倒置？在庄子眼中，追名逐利，升官发财，不过是"以随侯之珠弹千仞之雀"罢了，这就是用宝贵的生命去追逐无用的外物。

　　庄子崇尚一种自由而简单的淳朴生活。这种生活方式是以对名利"自然任之"的态度为归宿，《庄子·让王》中舜想把天下让给隐士善卷，善卷说："余立于宇宙之中，冬日衣皮毛，夏日衣葛绨；春耕种，形足以劳动；秋收敛，身足以休食；日出而作，日入而息，逍遥于天地之间，而心意自得。吾何以天下为哉！"善卷说："我处在宇宙之中，冬天披柔软的皮毛，夏天穿细细的葛布；春天耕地下种，身体可以劳作；秋天收获，自身完全能够满足给养；太阳升起时就下地干活，太阳下山了就回家歇息，我无拘无束地生活在天地之间，心满意足。我又哪里用得着去统治天下呢！"在善卷看来，天下固然"至重"，却不能以此害生。庄子借善卷之口表达了自己的观点，他认为自由自在的生活比统治天下更为有意义。庄子认为，人不能成为名誉的寄托，更不要成为谋略的场所，而是要"反其真"。"反其真"即消解对于名利的追逐之心，远离患得患失的痛苦，寻求"与天和"的"天乐"。

　　《庄子·庚桑楚》中说："彻志之勃，解心之谬，去德之累，达道之塞。贵、富、显、严、名、利六者，勃志也；容、动、色、理、气、意六者，谬心也；恶、欲、喜、怒、哀、乐六者，累德也；去、就、取、与、知、能六者，塞道也。"意为：疏导志向的迷惑，解脱心灵的束缚，抛弃天赋的拖累，疏通大道的阻塞。尊贵、富有、显赫、威严、名声、利禄这六项，是迷惑志向的东西；容貌、举止、表情、情理、气度、情意这六项，是束缚心灵的东西；厌恶、爱好、喜悦、愤怒、悲哀、欢乐这六项，是牵累天赋的东西；抛弃、追求、贪取、给予、智慧、才能这六项，是阻塞大道的东西。大道，是天赋兴起的基础；生命，是天赋显示的光辉；本性，是生命的实质所在。庄子认为"大道""生命""本性"这三者才是人应该追求的价值目标，也是快乐的内容。

心理学家认为"快乐指数＝实现值/期望值"，他认为快乐是一个人的主观感受，是一个相对的概念，快乐就是心理和心态的平衡。

当快乐指数大于或等于 1 时，人则快乐；快乐指数小于 1 时，人就痛苦。所以，快乐需扩大分子，缩小分母。

期望值是个体对名利目标的预计，现实与期望平衡则快乐，不平衡则痛苦，快乐指数与期望值成反比，若期望值无穷大，快乐指数就趋于零。期望值包括对自己、对别人和对环境的期望。快乐指数中包含了儒家"入世"与道家"出世"之间的平衡，即"入世/出世 = 开心"。

实现值要求尽人事，而期望值则听天命。实现值取决多种因素，主要是环境因素，降低期望值则取决于自身。名利人之快乐在满足其期望值，修行人之快乐在减少其期望值。

今天我们享受生命之乐，要从满足口腹之乐、天伦之乐、工作之乐，拓展到享受闲情逸致之乐、创造发明之乐、心灵之乐，提升快乐的层次。我们要明白在财富、权位、名望之外，还有健康、快乐、自由、时间的自我掌控等等。在这些生命元素中，要明白哪些最重要。假如科学地、合理地进行排序，其"顺位"应为：健康第一，之后是快乐、自由、名利。生命只是活着的一种历程，不但要活得久，更要活得好，让人的身、心、灵统一于一个整体。

那么，如何获得快乐？庄子的回答是：放下"我执"。庄子认为应顺应天地本性达到"至人无己，神人无功，圣人无名"的境界。你是否会被"我有功劳"

"我要刷存在感""我有作用"等意识所绑架？而庄子告诉我们，要达到自由境界就不要被"大"和"小"的概念所绑架，不要被"我有功"还是"我无功"的观念所绑架，一个人只有放下"我执"，才能获得坦然、自在和快乐。

# 第六讲　生命的告别：人文关怀

古往今来，最令人恐惧的是"死"，最让人焦虑的是"死"，最让人痛苦的也是"死"。但"死"又是人们无法回避的人生结局。

《容斋随笔》中提到一个人叫朱新仲，他常常把"人生五计"挂在嘴边。他说：人的寿命姑且按七十岁计算，那么十岁左右叫"生计"，因为一切听从父母安排，儿童只要活着就行；二十岁时应为"身计"，因为已经长大成人，该为自身前途命运努力了；三十岁到四十岁主要为"家计"，必须选择有利于自己的事情去做，才能壮大家门、子孙繁盛；五十岁身心俱疲，就只为"老计"，勇气、智慧、经验都已尽数施展，只好收起名利心，如蚕作茧一般安分守拙了；六十岁后称"死计"，那时的人就像夕阳西下、朽木尘土一般，需要静心内观，让自己死而无憾。

"人生五计"确实是每一个人应当思考和面对的问题。特别是"死计"，这是每一个人都要面对的难题。

思考死亡的问题并不是对人生悲观、消极，而是让我们通过透悟死亡而免于对死亡的恐惧，保持一种平和、坦然的心态，从而提升"生"的质量和"死"的品质。

死亡的存在，让我们意识到生命的有限性。我们会更加珍惜生命中的分分秒秒，更加努力地工作、生活、创造，更加珍惜亲情、爱情、友情，更多地品尝人生的种种滋味，在死亡来临时坦然、从容地面对，进入生死两安的佳境。

死亡的存在使我们更加珍惜人生的价值。死亡的存在让我们懂得人生是一张单程车票，在历史的车轮中，生命总是一瞬间，应当利用好有限的时间去做更多的有利于自己、社会和国家的事，在造福社会与人类中实现自己的价值。

死亡的存在让我们拥有更好的人生态度。人世间的每一个人，都是一无所有地来，赤条条地去，对于生活中的一些芝麻小事不必介怀，这样心胸会更加开阔。

死亡是生命的一个部分，也是最后一个部分。死亡是成长的最后阶段，也是生活中不可分割的有机体。如何实现优生、优育、优逝，让一个人平静、坦然、安宁、有尊严地走向人生终点，这是每一个人不得不面对的问题。

人生有许多痛苦，有一种痛苦是不能自主地选择死亡的方式。庄子是一位可以直面死亡的哲学家，他回答了如何从容告别，坦然面对死亡的重大问题，对人文关怀提出了许多真知灼见，对我们今天如何进行生命教育、安宁疗护和悲伤抚慰具有启发意义。

## 一、达观、豁达地面对死亡

庄子对死亡持达观的态度，既不悦生，也不恶死。在他的眼里，死亡不过是自然法则作用下的必然现象，是生命规律的演化过程。人的生命来于自然而最终形散气竭又归于自然。当我们对死生实现超越以后，生死的界限就消失了。随之，由死产生的恐惧、由生带来的欢欣，即对生死的不同情感界限，也就不再存在。

庄子认为，生死是生命的必然历程，也是人力无法抗拒的结果。《庄子·大宗师》说："死生，命也，其有夜旦之常，天也。人之有所不得与，皆物之情也。"意为：死与生，是命中注定的，就像黑夜与白昼一直在交替，是一种自然现象。人对这些事情是无法干预的，而这正是万物的常情。这个观点与儒家的"生死有命，富贵在天"的看法如出一辙。大自然白天与黑夜相互交替，人的寿命有生有死，也是必然现象。

人生是一张"单程车票"，有去无回，犹如子弹出膛一样，是单向的飞越。其主要的标志有四个方面：一是生理功能的逐渐丧失，身体器官衰竭、新陈代谢活动终止，这主要以心跳停止和脑死亡为特征。二是心理功能的逐渐丧失，失去了对外界的感知、感应。三是灵魂脱离躯体，虽然对人是否有灵魂仍存在争议，但许多人还是相信人是有灵魂的。佛教认为，人死亡以后有一个"中阴"的阶段，这是灵魂离开的时间。有人有过濒临死亡的体验，声称自己犹如穿越一个黑暗隧道，向空中飞越。不管如何，灵性的丧失也是死亡的标志。四是社会关系的分解，这是与以上功能相适应的社会关系（如人生角色、职位）的丧失，在现实生活中体现为身份证、户口本、驾驶证统统注销。这是从生物学意义的死亡走向社会学意义的死亡。死亡就是人在时空中的消灭，是无解的宿命，是自然的过程，也是人力无法抗拒的结局。

既然死亡是必然的，人们也不必惧怕。为此，《庄子·大宗师》说："夫大块载我以形，劳我以生，佚我以老，息我以死。故善吾生者，乃所以善吾死也。"意为：大自然赋予形体让我有所寄托，赋予生命让我劳作，赋予衰老让我享受安逸，赋予死亡让我休息。所以，要把自己活着看作乐事，也把死去看作乐事。

庄子又云："善夭善老，善始善终，人犹效之，又况万物之所系而一化之所待乎！""孰知死生存亡之一体者，吾与之友矣！"意为：对于能妥善安排少年、老年、开始、结束的人，人们都会效法他，何况是对于万物赖以维系，一切变化所凭借的道呢？能够明白生死存亡是一个整体，这样的人，就可以把他当作自己的朋友。在庄子眼中，死亡不过是自然法则作用下的自然结果，是自然规律的演化，是必然的。庄子所倡之"齐生死"，目的是淡化生死的界限，同时克服伴随生死而产生的恐惧感。

庄子认为，生命是生死的循环，生与死共存于一个整体之中。《庄子·齐物论》说："虽然，方生方死，方死方生……枢始得其环中，以应无穷。是亦一无穷，非亦一无穷也。故曰，莫若以明。"意思是说：虽然如此，生的同时也正出现死，死的同时也正出现生。关键之处是从一开始就进入循环合一，用来应对无穷的周转。是也是一种无穷尽，非也是一种无穷尽。所以说，不如用自然本性来对照。现代生命科学研究表明，人的生命机体虽然丧失了，但其细胞是永生的。科学家在实验室里发现不死的"海拉细胞"，说明了人的死亡是生命形态的转换，生命是循环往复，生生不息的。

庄子认为，不必乐生，也不必悲死。《庄子·天地》说："不乐寿，不哀夭；不荣通，不丑穷；不拘一世之利以为己私分，不以王天下为己处显。显则明，万物一府，死生同状。"意思是说：不以长寿为乐，不以短命为悲；不以通达为荣，不以穷困为耻；不把整个社会的财富占据为自己私有，不把称王天下当成自己的显耀。自以为显赫就是炫耀。万物是一个整体，死生并没有差别。

《庄子·齐物论》说："其分也，成也；其成也，毁也。凡物无成与毁，复通为一。唯达者知通为一，为是不用而寓诸庸。"意为：事物的分离，也就是合成；事物的合成，也就是毁坏。所有事物无所谓合成和毁坏，都是贯通一体的。唯有通达事理的人才明了贯通一体，因此他无须理睬万物差异而站在道的角度看待万物。

《庄子·齐物论》说："天地与我并生，而万物与我为一。"意为：天地与我同生并存，而万物与我共为一体。

"庄周梦蝶"是一个著名的故事。

昔者庄周梦为胡蝶，栩栩然胡蝶也。自喻适志与，不知周也。俄然觉，则蘧蘧然周也。不知周之梦为胡蝶与？胡蝶之梦为周与？周与胡蝶则必有分矣，此之谓"物化"。

从前，庄周梦见自己变成了蝴蝶，是一只自在飞舞的蝴蝶。他十分开心得意，不知道还有庄周的存在。忽然醒过来，又变成了安然而卧的庄周。不知道究竟是庄周做梦变成了蝴蝶？还是蝴蝶做梦变成了庄周？庄周与蝴蝶必定不同。这种梦境所代表的，就称为事物相互转化。

这个寓言包含了几层意思：一是浮生若梦，人生其实也是一种幻化。处于梦想的状态时，往往是开心得意的，忘记了自己是谁，但好梦总是不长。二是物我同化为一，物我是可以相互感知的，同样也是有生有死，明白了死生变化之理，也就不必有任何执着。三是物我虽然同化，但人与万物依然有区别。人可以悟道，可以获得长生，而蝴蝶则不能。

《庄子·养生主》中讲述了应该如何面对死亡。

老聃死了，秦失前往吊唁，号哭三声就出来了。老聃的弟子问："您不是我们老师的朋友吗？"秦失说：
"是啊！"弟子责怪说："就这样吊唁他，可以吗？"秦失
说："可以的。我以为他是至人，现在知道不是。刚才我
进去吊祭，有老年人在哭，好像哭自己的孩子一样；有
年轻人在哭，好像哭自己的母亲一样。这些人的感触会
这么深，一定是老聃使他们情不自禁地称颂、情不自禁
地哭啊。这样做违背了天理和实情，忘记自己来自自然，
古人认为，这是逃避自然带来的惩罚。你们的老师偶然
来到世间，是应时而生；又偶然离开世间，是顺命而死。
安于时运并且顺应变化，哀乐之情就不能进入心中。古
时把它称为天然的束缚解开了。用油脂做的蜡烛是会燃
尽的，可是火还在延续着，永不熄灭。"

　　传说中的老子是出了函谷关而不知所终，庄子只不
过借这个故事来讲述应该如何面对死亡。

　　庄子认为死亡是生命自然的过程和必然的结局。应
时而生，顺命而死，正如蜡烛一样，燃烧到最后，一切
都归于无。因此，要"安时而处顺"，过度悲伤是没有
必要的。

　　当富于理性、长于思辨的陶渊明面对死亡时，他想

到的是人与整个世界（包括他人）本质上的疏离。死不过是证明人从来没有，也不可能拥有任何东西。他笔下的桃花源被许多人认为是一个人间天堂，是一个人类追求的美好社会，其实我认为这是在描写生命的意象。捕鱼人由于迷路，忽逢桃花林，"芳草鲜美，落英缤纷"，后见"土地平旷，屋舍俨然，有良田、美池、桑竹之属"，男女"怡然自乐"。返回之后又"寻向所志，不复得路"，显然，生命是美好的，但生命又是无法再选择的。陶渊明在《拟挽歌辞三首》中写道：

其一

有生必有死，早终非命促。

昨暮同为人，今旦在鬼录。

魂气散何之，枯形寄空木。

娇儿索父啼，良友抚我哭。

得失不复知，是非安能觉！

千秋万岁后，谁知荣与辱？

但恨在世时，饮酒不得足。

其二

在昔无酒饮，今但湛空觞。

春醪生浮蚁，何时更能尝！

肴案盈我前，亲旧哭我旁。

欲语口无音，欲视眼无光。

昔在高堂寝，今宿荒草乡；

荒草无人眠，极视正茫茫。

一朝出门去，归来良未央。

### 其三

荒草何茫茫，白杨亦萧萧。

严霜九月中，送我出远郊。

四面无人居，高坟正嶕峣。

马为仰天鸣，风为自萧条。

幽室一已闭，千年不复朝。

千年不复朝，贤达无奈何。

向来相送人，各自还其家。

亲戚或余悲，他人亦已歌。

死去何所道，托体同山阿。

陶渊明的拟挽歌表现出一种看破生死、超越生死、顺应自然的淡然态度，他想象别人给自己送葬的景象：马似乎还有思主之情，风却只管吹个不停。至于送葬的人们，在葬礼上痛哭流涕，事后也就照旧度日。亲戚（古时专指近亲）也许还有点余哀，他人回到家便唱起快乐的歌，而死者从此与山陵大地浑然一体，永归寂寞。这实际是以死观生，因为死彻底显示了人同世界的疏离。日常生活中人们总是以"我"为中心审视一切，比如"我"的家乡、"我"的朋友、"我"的亲人……但陶渊明要说：没有任何人或物属于"我"。

达观、豁达地面对死亡，可以消除人们对死亡的执着、恐惧。当人处于临危状态时，会从开始的抱怨、抗拒，转为恐惧、焦虑。有些病人不是病死的，而是吓死的。人们应以坦然的态度面对死亡，以平和的心态面对疾病，但可以向死而生。而当回天无力时，则坦然接受，这样就可以走得安详。

庄子的死亡观告诉我们，对待死亡的态度应该是：有敬畏之心，把生命作为最高价值，尊重生命，让生命有尊严；有悲悯之心，对生命的丧失寄予同情，给予人文关怀；有面对的勇气，接受生命的安排，用豁达的态度去面对，实现最终的解脱。

## 二、生命要长生，必须超越生死

庄子认为，生命的长生，不仅要突破时空、世俗观念的限制，还要突破生死的限制。人的感官让人迷惑于现象，理性使人执着于自我。他还认为，人要超越生死的限制，必须"天地与我并生，而万物与我为一"，进一步领悟到"未始有物"的至高智慧。

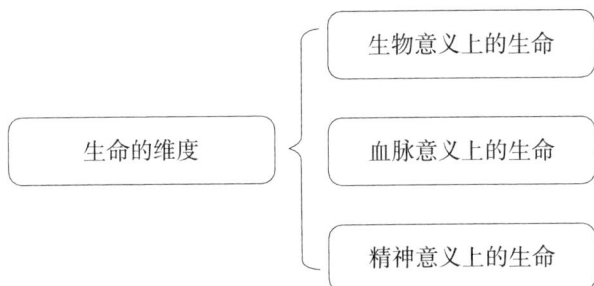

生命的维度 {
- 生物意义上的生命
- 血脉意义上的生命
- 精神意义上的生命
}

人的生命可以从几个维度去看：第一个维度是生物意义上的生命。庄子把人的生命看作"气"的变化，他说："人的出生，是气的聚合；气聚则生，气散则死；如果明白生死一样的道理，我又有什么好担心呢！"宇宙万物都是气的变化，山河大地，鸟兽虫鱼，无论是一棵树，还是一个人，气聚，才能够生；气散，等于时间到了，回归你所来的地方，尘归尘，土归土。所以，人没有出生以前，并没有这个生命、这具身体，只是一股气，气恍恍惚惚变成了人的形体，人的生命，然后度过这一生；现在死了，等于又回到这股气里，回到家乡了，在天地间安息了；既然回家，又何必难过呢？所以，人不应该对死亡产生恐惧，而应该坦然地面对，在有限的生命中立德、立言、立功。

作为有形的、肉体的生命，即使活过 100 岁，在历史的长河中，也不过是白驹过隙。《庄子·知北游》云："人生天地之间，若白驹之过郤（隙），忽然而已。注然勃然，莫不出焉；油然漻然，莫不入焉。已化而生，又化而死，生物哀之，人类悲之。解其天韬堕其天袠，纷乎宛乎，魂魄将往，乃身从之，乃大归乎！"意思是说：人活在天地之间，就像白马飞驰掠过墙间的小孔，只是一刹那罢了。蓬蓬勃勃，万物出生；昏昏蒙蒙，万物死去。因变化而出生，又因变化而死去，生者为此哀伤，人们为此悲痛。死亡是摆脱天然的约束，丢弃自然的束缚，移转变迁，魂魄要离开时，身体也跟着走了，这是最终的归宿！由无形到有形，再由有形归于无形，这是人们都知道的，并不是探究知道的人所要追求的，这只不过是人们共同的说法啊。庄子认为，作为生物意义上的生命，都是一种自然的演化，都是一个必然的过程，其生命都是很短暂的。

　　第二个维度是血脉意义上的生命。即生命在代际之间的传递，人要生儿育女，子子孙孙繁衍下去，中国人很注重传宗接代，这是生命的另一种继续和传承。

　　第三个维度是精神意义上的生命。即精神的永存、魂魄的永在。《黄帝内经·灵枢·本神》专门论述了人具有精、神、魂、魄、意、志、思、虑等独特的思维活动。岐伯回答黄帝的话说：人体生命的原始物质，叫作精；阴阳交媾，两精结合而成的生命运动，叫作神；随从神气往来的知觉机能，叫作魂；依附精气而产生的运动机能，叫作魄；可以主宰支配外在事物的，叫作心；心里有所思忆而留下的印象，叫作意；意念积累而形成的认识，叫作志；根据认识而研究事物的变化，叫作思；由思考而产生的推想，叫作虑；通过考虑能抓住处理事务的方法，叫作智。岐伯在这里具体描述了人的精神活动，是人的生命现象的表现。孔颖达为《左传·昭公七年》作注解说："形气既殊，魂魄亦异，附形之灵为魄，附气之神为魂也。附形之灵者，谓初生之时，耳目心识、手足运动、啼呼为声，此则魄之灵也；附所气之神者，谓精神性识渐有所知，此则附气之神也。"这就是说：生命是形神一体的，具有精神生命是人与其他动物的最大差别，人的生理生命即使有百岁，在历史的长河中也只是一瞬间，而人的精神生命是可以超越时空，可以长存的。庄子讲的生命长在，主要就是这个意思。

庄子认为人的形体生命不可能长久，不要过于执着。《庄子·齐物论》中说：人一旦受道而形成身体，就执着于形体的存在，直到生命尽头。他们与外物互相较量摩擦，追逐奔驰而停不下来，这不是很可悲吗？终身劳苦忙碌，却看不到什么成功，疲惫困顿不堪，却不知道自己的归宿，这不是很悲哀吗？这种人就算不死，又有什么好处！他们的身体逐渐耗损衰老，心也跟着迟钝麻木，这还不算是大悲哀吗？人生在世，真是这样茫然？还是只有我一个人茫然，而别人不茫然？

庄子认为真人超越了生死。《庄子·大宗师》曰："古之真人，不知说生，不知恶死；其出不訢，其入不距；翛然而往，翛然而来而已矣；不忘其所始，不求其所终；受而喜之，忘而复之，是之谓不以心捐道，不以人助天，是之谓真人。"訢，同欣。翛然，指悠然自得。意思是说：古代的真人，不知道喜欢活着，不知道厌恶死亡。他对出生并不感到欣喜，对死亡也不知道抗拒；只不过顺其自然而往，顺其自然而来罢了。不忘却自身所由来，不强求自身所归宿。对任何遭遇都欣然接受，无所牵挂而恢复本来的状态。这就是不以心性损害道，不以人力协助天，这就叫作真人。

庄子认为，真人以天道师，和合天地，一切顺其自然，豁达地看待生死，不喜生，也不厌死，从容、平静地生活，无所牵挂地回复本来的状态。

## 三、从容、坦然地告别

"人生自古多离别"，"生离死别"是人生的一种常态，也是人情感的悲伤时刻。中华民族是一个特别在乎也特别善于表达"生离死别"的民族。冯梦龙在《醒世恒言》中说："世上万般哀苦事，无非死别与生离。"

唐诗宋词有大量关于别离的描写，如江淹写的"黯然销魂者，唯别而已矣"，柳永写的"多情自古伤离别，更那堪，冷落清秋节！今宵酒醒何处？杨柳岸，晓风残月"，王维写的"劝君更尽一杯酒，西出阳关无故人"，王昌龄写的"寒雨连江夜入吴，平明送客楚山孤"，李白写的"桃花潭水深千尺，不及汪伦送我情"，杜甫写的"孰知是死别，且复伤其寒。此去必不归，还闻劝加餐"，都是令人心酸的诗句。

　　一部中国诗歌史，差不多就是一部送别离别史。可惜这部历史只有送别，只有离别，而不善告别。离别，表达的只是依依惜别的伤感和惆怅。告别，面对的是生命深处的安放和坦然。

　　其实告别应该是一种勇敢面对。既然无法抗拒，与其被动告别，不如主动告别，坦然和从容地面对。告别应该是一种心灵的觉醒。如果你有告别意识，生命的这个断崖期就会成为你的生命教育期、生命觉醒期、生命成长期，在你最绝望、最痛苦、最无助的时刻，时间感的强烈萎缩会让你与亲人之间的每一秒钟都充满意义，亲人的离开过程会浇灌你早已麻木枯萎的灵魂，让你重新思考人生的意义、活着的价值、生命的真相。

　　最重要的是，告别应该是一种心灵的慰藉。告别虽然会带来无限的悲伤和创伤，但更重要的是实现了心灵的沟通，有助于至亲道爱，逝者心灵的安顿、安详的回归。

　　告别，应该让生命更有质量，具有"优逝"的质量、离开的质量、死亡的质量，使生命更有尊严。

　　生命关怀，是时代的新课题，是提高生命质量的迫切要求，主要是对人的身、心、灵的全方位关怀，当下的三大任务是生命教育、安宁疗护和推广预嘱，需要建立医院、社区、家庭的协调机制，构建医护、心理辅导和社工（志愿者）三支队伍，等等。在以上内容中，关键在于全民对生命的认知、正见，在于建立一种科学、健康的生死观，这样，生命关怀才能真正得到实现。庄子高扬人文主义的旗帜，对生命中的人文关怀提出了真知灼见，为我们做好生命关怀提供了一条路径。

```
                    ┌─ 用坦然、接纳的态度面对生命的结束
                    │
生命关怀的途径 ─────┼─ 给临终者以亲切的人文关怀
                    │
                    └─ 给予逝者亲属哀伤抚慰
```

## （一）用坦然、接纳的态度面对生命的结束

庄子认为，生命的消亡是一个自然的、必然的结局，不必过于悲伤。《庄子》记载了庄子"鼓盆而歌"的故事，告诉我们对待死亡要有坦然、放下的态度。

《庄子·至乐》记载：庄子的妻子死了，惠子去吊丧。这时庄子正蹲在地上，一面鼓盆一面唱歌。惠子说："你与妻子一起生活，她把孩子抚养长大，现在年老身死，你不哭也就罢了，竟然还要鼓着盆子唱歌，不是太过分了吗？"庄子回答说："不是这样的。她刚去世，我又怎么会不难过呢？可是我省思之后，察觉她起初本来是没有生命的；不但没有生命，而且没有形体；不但没有形体，而且没有气。然后在恍恍惚惚的情况下，变出了气，气再变化而出现形体，形体再变化而出现生命，现在又变化而回到了死亡，这就好像春夏秋冬的运行一样。她已经安静地睡在天地的大房屋里，而我还在一旁哭哭啼啼。我认为这样并没有理解生命的道理，所以就不再哭泣了！"

庄子"鼓盆而歌"有违人情和礼仪，我们并不主张效法，但庄子对待死亡的态度则值得我们学习。

首先，生命必然经历一个自然的过程。庄子认为死亡是气聚散过程中的一个阶段，人的生命过程经历了出生、成长、衰老、死亡四个阶段，好像自然界春夏秋冬四季的运行一样，人力无法改变，必须坦然地接受，既然人死不能复生，那么过度悲伤也没有益处。

其次，生命必然有一个终点，因此，我们不必恐惧，也不必过分地执着。我们不能改变这一结局，但可以享受生命的过程。人生有去无回，不如珍惜有限的年华，在有生之年努力悟道，享受精神上的自在与逍遥。

作家琼瑶在 80 岁时曾写下一封预嘱：

我已经 79 岁，明年就 80 岁了！这漫长的人生，我没有因为战乱、贫穷、意外、天灾人祸、病痛……种种原因而先走一步。活到这个年纪，已经是上天给我的恩宠。所以，从此以后，我会笑看死亡。我的叮嘱如下：

一、不论我生了什么重病，不动大手术，让我死得快最重要！在我能做主时让我做主，万一我不能做主时，照我的叮嘱去做！

二、不把我送进"加护病房"。

三、不论什么情况下，绝对不能插"鼻胃管"！因为如果我失去吞咽的能力，等于也失去吃的快乐，我不要那样活着！

四、同上一条，不论什么情况，不能在我身上插入各种维生的管子。尿管、呼吸管，各种我不知道名字的管子都不行！

五、（略）

下面我要叮咛的，是我的"身后事"！

一、不要用任何宗教的方式来悼念我。

二、将我尽快火化成灰，采取花葬的方式，让我归于尘土。

三、不发外文、不公祭、不开追悼会。私下家祭即可。死亡是私事，不要麻烦别人，更不要麻烦爱我的人——如果他们真心爱我，都会了解我的决定。

四、不做七，不烧纸，不设灵堂，不要出殡。我来时一无所有，去时但求干净利落！以后清明也不必祭拜我，因为我早已不存在。何况地球在暖化，烧纸、烧香都在破坏地球，我们有义务要为代代相传的新生命，维持一个没有污染的生存环境。

五、不要在乎外界对你们的评论，我从不迷信，所有迷信的事都不要做！"死后哀荣"是生者的虚荣，对于死后的我，一点意义也没有，我不要"死后哀荣"！后事越快结束越好，不要超过一星期。等到后事办完，再告诉亲友我的死讯，免得他们各有意见，造成你们的困扰！

我曾经说过："生时愿如火花，燃烧到生命最后一刻。死时愿如雪花，飘然落地，化为尘土！"我写这封信，是抱着正面思考来写的。我会努力地保护自己，好好活着，像火花般燃烧，尽管火花会随着年迈越来越微小，我依旧会燃烧到熄灭时为止。

人生最无奈的事，是不能选择生，也不能选择死！好多习俗和牢不可破的生死观念锁住了我们，时代在不停地进步，是开始改变观念的时候了。

谈到"生死"，我要告诉你们，生命中，什么意外曲折都有，只有"死亡"这项，是每个人都必须面对的，也是必然到来的。倒是"生命"来到人间，都是"偶然"的。

…………

当然，如果横死、夭折、天灾、意外、战争、疾病……这些因素，让人们活不到天年，那确实是悲剧。这些悲剧，是应该极力避免的，不能避免，才是生者和死者最大的不幸！如果活到老年，走向死亡是"当然"，只是，老死的过程往往漫长而痛苦，亲人"有救就要救"的观念，也是延长生命痛苦的主要原因！

…………

国人忌讳生死，觉得很敏感，其实正视生死特别是正视死亡或许才是帮助我们活得更加健康，更加充实的方法。中老年乐园认为，健康的人生或许也在于 12 个字：老得要慢、病得要晚、死得要快。

琼瑶的这篇预嘱超越了生死，是一封从容的告别书，体现了她洒脱的生死态度，她放下了一切，看淡了生死，值得每一个人认真读一读。

最后，要厚生薄葬。人逝去了，形体的存在也就没有任何意义，采用何种埋葬方式都是无所谓的。《庄子·列御寇》说：庄子临终的时候，弟子们想要厚葬他。庄子说："吾以天地为棺椁，以日月为连璧，星辰为珠玑，万物为赍送。吾葬具岂不备邪？何以加此？"意思是说：我把天地当作棺椁，把日月当作双璧，把星辰当作珠玑，把万物当作陪葬品，我陪葬的物品难道还不齐备吗？有什么比这样更好的！弟子说："我们担心乌鸦与老鹰会把先生吃掉。"庄子说："在地上会被乌鸦与老鹰吃掉，在地下会被蝼蚁吃掉，从那边抢过来，送给这边吃掉，真是偏心啊！"庄子的这个看法对于今天传统的殡葬方式改革是有启发意义的。对于死者，采用何种埋葬方式是没有意义的。其意义是对于生者，即给生者或后代留下一点念想，留下有象征意义的纪念物就可以了，不必建奢华的墓园。

《庄子》一书所论述的生命的本质、境界、价值是生命教育的重要内容，每一个人都应认真加以领悟。

**（二）给临终者以亲切的人文关怀**

给临终者以亲切的人文关怀，核心内容是推广安宁疗护。安宁疗护也称缓和医疗，是一种提供给重病者及其家人的治疗方法，旨在提高他们的生活质量和面对死亡危机的能力。安宁疗护是由医疗专业人员、志愿者和家人用完整的症状缓解医疗手段以及爱心陪伴末期病人走完人生最后一程，让他们有意义、有品质地活到最后一刻，提供身、心、灵的全面照顾和关爱。这种人文关怀是把死亡从"事故"变成"故事"，在这个死亡之旅中，是逝者接纳死亡的归途，医护人员充当灵魂安顿的摆渡人，心理医生提供心灵的降落伞，亲属给予温情抚慰，共同完成"优逝"的过程。

安宁疗护的概念来自临终关怀。中国将临终关怀、舒缓医疗、姑息治疗等统称为安宁疗护。这种模式是为疾病终末期或老年患者在临终期前提供身体、心理、精神等方面的照料和人文关怀等服务，控制其痛苦等不适症状，提高其生命质量，帮助其舒适、安详、有尊严地离世。

安宁疗护以实现人的善终为目标，以临终患者和家属为中心，以多学科协作为模式，以控制患者的疼痛及其对症治疗、舒适照护、心理疏导、精神抚慰为主要内容，尽可能提升患者和家属的生活品质。

安宁疗护是对没有治愈希望的病患进行积极而非消极的照顾，既不加速也不延缓死亡的来临，临终者不再像战士般与死亡抗争，而是像落幕英雄般认同死亡是生命的自然过程。安宁疗护的好处表现在：一是减少不必要的经济负担，节约医疗资源，大大减少治疗费用。二是促进"优逝"，减轻病患的痛苦，如根据病患的情况用药来缓解其症状，包括使用严格受控的药物如吗啡来止痛，同时对症支持维持基础生命。三是为病患与亲人道谢、道爱、道别提供机会，如开辟出一个家庭病房来满足家属陪伴照顾的需求，减少家属因无能为力产生的内疚，用充满人文关怀的措施来尽量满足临终者的愿望。

安宁疗护需要多方协作，由家属提供基本生活照顾，由医护人员提供定期疗护和药物对症治疗；由心理咨询师提供心理辅导；由志愿者等提供陪伴和安慰；由营养师提供合适的食物。建立以患者为中心，有医生、护士、药剂师、营养师、理疗师、心理咨询师，多方配合的医护团队提供注射药物、伤口换药、疼痛控制等医疗性措施，提供生活护理、心理支持服务。安宁疗护要建立医院、社区、居家三位一体的照护模式，而居家照护模式只需较少的费用是一个不得不提的优势，而且尽可能满足了一部分患者希望最后时间能和家属在一起的愿望，也回归了落叶归根的传统。

目前我国的安宁疗护与发达国家相比仍然存在一定差距，存在民众认知程度、认同程度较低，传统文化乐生晦死观念的束缚，安宁疗护机构缺乏，专业人才匮乏，整体设计不足等问题。

美国老年病学会制定的临终关怀八要素可供参考：

（1）减轻病人肉体和精神症状，以减少痛苦。

（2）采取能让病人表现自己愿望的治疗手段，以维护病人的尊严。

（3）避免不适当的、有创伤的治疗。

（4）在病人还能与人交流时，给病人和家属提供充分的时间相聚。

（5）给予病人尽可能好的生命质量。

（6）将家属的医疗经济分担减少到最低程度。

（7）所花医疗费用要告知病人。

（8）给死者家庭提供治丧方面的帮助。

生命关怀的承担者是医务工作者、临终者的亲属和社会工作者（志愿者），主要的任务是给予临终者关爱、尊重和抚慰，从身体上、心理上、精神上给予关怀，给生命以舒适、宁静的终结。

北京协和医院开办了"舒缓医学"课程，聚焦生命末期患者所面临的生理、心理、社会、灵性方面的问题。有关生理方面的有：症状控制、舒适护理、芳香疗法、营养供给；有关心理方面的有：心理疏导、生前预嘱、医患决策；有关社会方面的有：家庭会议、哀伤辅导；有关灵性方面的有：灵性照顾等。这些课程强调了医护人员在临床工作中同理、共情、倾听的重要性和技巧。

生命关怀的主要内容包括如下三个方面：

首先是身体关怀。这是医务工作者的主要职责。作为医务工作者，要改变"技术至上"的观念，理性地认识科学的局限性，对患者作出科学、冷静的判断，在与家属充分沟通以后，选择和缓的治疗方案。对临终患者要从"帮助病人恢复健康"转向"减轻痛苦"。特别是对一些肿瘤患者，应尽量让他们减少痛苦或者达到无痛苦，采用物理治疗和适当的药物治疗。

其次是心理关怀。这是心理咨询师的主要职责。心理咨询师要让临终者以接纳、释然的心态去面对死亡。每一个人都要经历生命的倒计时，在这个过渡期如何提高临终者的生活质量，是临终关怀的主要任务。临终者在此刻的心理负担是很重的，他们即将走到生命的终点，往往有恐惧、忧伤、沮丧、绝望、孤独、无助等情绪，有时还伴随身体的疼痛，给他们带来极大的痛苦。

美国精神医学家库希勒·罗斯总结了末期患者的精神状态大体经过的五个阶段：①否定与隔离；②愤怒；③讨价还价；④消沉抑郁；⑤接受。"接受"阶段还分四种情况：一是"不愿接受地被迫接受"，这就是通常说的"死不瞑目"；二是"无可奈何地接受"，既不再抱有希望，也不再挣扎，但也难以心平气和而带有尊严地死去；三是"自然而然，平安自在地接受"，可以感受到死亡的尊严；四是基于宗教性或高度精神性的正面接受，心平气和，毫无恐惧，安详地走向终点。最后两种情况是比较好的。因此，在这个时候他们迫切需要心理疏导，可以帮助他们让生命有尊严、有品质地走到人生最后一站。

心理关怀最重要的是打开患者的"心结"，这些"心结"不打开，患者是无法完全放下一切，坦然面对死亡的。成语"死不瞑目"，就是指心中仍有未了之事，还不愿意离开世间，所以人虽死了，眼睛则不闭上。为此，作为心理辅导师和家人，一是要耐心倾听，让患者说出心里话。这个时候握住患者的手，是莫大的安慰。二是帮助患者了却心愿。临终者假如心愿未了，往往有超强的生存意志，以等待心愿实现，比如一个特别想见的人、有些事情未作交代等，这时就要准确判断，尽快满足其愿望。三是互动交流，解忧解愁。在患者生命的最后时刻，医生、心理辅导师和家人要抓住这宝贵的时间，让患者说出心里话，在身心愉悦中道谢、道爱、道愿、道歉、道别，助其了却心愿，获得解脱，放下执着，从容地告别。

最后是精神关怀。这方面主要是社会工作者的职责，其主要任务是开启神灵主义的灵性空间，建构没有宗教的生命神圣观。临终关怀不仅是关注躯体的失能、生命的失迷，还要关注灵魂的失落，让灵魂有一个安放之处。宗教信仰是精神关怀的一种途径。但许多人没有宗教信仰，这就要寻找一种替代方式。精神关怀的主要途径是叙事疗法，即通过讲故事的方式，形成情感共同体、道德共同体、生命共同体。医务工作者和亲属可以跟临终者共同回忆过去的成就、难忘的事件和快乐的时刻等，让临终者感到这辈子活得有价值、有意义，而没有遗憾，心灵得到安抚。

**（三）要给予逝者亲属哀伤抚慰**

如何对待亲人的离世，这是每个人都必须面对的问题。古人讲到人生三大悲哀的事情：幼年丧父、中年丧妻、老年丧子。即使是正常的亲人离世，也是令人悲痛的。儒家和道家都主张生者要节哀。死者离开人世，一了百了，却给予生者无限的哀伤。

如何抚慰丧亲之痛也是生命关怀中的一个重要内容。

我们大多数人往往面对亲人、朋友的逝世时会陷入深深的怀念和悲痛，甚至有人难以从悲痛中走出来，而过度的悲伤会伤害自己的身体。庄子提出"安时而处顺"，让人们从悲痛中走出来，延续自己的生活，这才是正确的做法。

古希腊哲学家伊壁鸠鲁说过："死不是死者的不幸，而是生者的不幸。"哀伤抚慰主要是为了解决因死亡事件所带来的这种"生者的不幸"。主要任务是引导哀恸者宣泄、平缓悲伤情绪，从而回归正常生活。

哀伤抚慰，可以让劝导者与丧亲者共同追忆、怀念逝者的功绩和往日的美好时光，用生的意义冲淡逝的悲伤；共同展望未来的生活和担起应负的责任，用工作和生活的事务转移注意力；暂时离开原有的环境也有利于防止"触景生情"，用"移境"去"移情"。

庄子关于生命关怀的论述，充满着人性关怀和人文精神，是一曲生命的赞歌。它告诉我们要珍惜生命、尊重生命、敬畏生命、欣赏生命、创造生命，让人的生命充满人性的光辉、人的价值得到充分的发挥、人的尊严得到充分的尊重。

# 参考文献

1. 傅佩荣著：《傅佩荣译解〈庄子〉》，北京：东方出版社 2012 年版。

2. 郑晓江著：《学会生死》，郑州：中州古籍出版社 2007 年版。

3. 郑晓江主编：《感悟生死》，郑州：中州古籍出版社 2007 年版。

4. 华特士著，林莺译：《生命教育：与孩子一同迎向人生挑战》，成都：四川大学出版社 2006 年版。

5. 查尔斯·科尔等著，榕励译：《死亡课：关于死亡、临终和丧亲之痛（第 6 版）》，北京：中国人民大学出版社 2011 年版。

6. 柳红主编：《十二堂生命课》，北京：中国工人出版社 2017 年版。

7. 杨足仪、向鹭娟著：《死亡哲学》，北京：中国友谊出版公司 2018 年版。

8. 陆扬著:《死亡美学》,北京:北京大学出版社 2006 年版。

9. 肯·希尔曼著,苑东明译:《从容的告别:如何面对终将到来的衰老与死亡》,北京:中国人民大学出版社 2019 年版。

10. 郭象注,成玄英疏,曹础基、黄兰发整理:《庄子注疏》,北京:中华书局 2011 年版。